노인학대 연구

노인학대 연구

| 이은희 지음 |

KSI 한국학술정보㈜

근래 우리나라의 치매유병율은 전체 노인인구 중 약10% 정도로 주장되고 있고 노인학대가 이미 1999년에 8.2%를 넘었는데도 불구하고 치매노인부양과 학대예방 및 치료를 위한 공식적인 서비스체계가 부재한 실정이다. 치매노인은 인지장애로 인한 문제행동으로 인해 암환자보다도 더 많은 부양스트레스를 유발하여 주부양자는 물론이고 가족 전원을 황폐화시켜 가족기능을 마비시키고 가족위기까지 몰고 가는 무서운 질환이다. 이처럼 치매는 노인성질환 중에서 가장 큰 부양부담 스트레스를 유발하여 치매노인 학대를 예방하기 위한 적극적인 개입이 절대적으로 필요하다.

그러나 치매환자의 진료에 사용되는 비용은 국가 전체 의료비의 0.04%로 적은 비율을 차지하고 있음을 볼 때 국가적 접근수준이 미약함을 알 수가 있다. 평균수명의 증가추세가 가속화되는 우리나라의 인구변화를 감안한다면 이는 치매노인의 수도 급속도로 증가할 것으로 보인다.

특히 치매라는 질병은 10년 이상의 긴 기간동안 신체적, 정서적, 물질적 부양의 부담을 초래하는 질병이다. 그러므로 치매노인의 주부양자는 오랫동안 부양을 하면서 노부모에 대한 존경심이 상실되고 극단적인 경우 노부모를 유기하거나 폭행하는 등 학대의 상황까지 유발하게 된다.

따라서 치매노인 부양에서 주부양자의 치매노인학대의 가능성은 항상 잠재되어 있다고 보아도 과언이 아니다. 이러한 학대문제는 주부양자나 치매노인의 개별적인 문제해결이 아니라 사회적, 정책적인 측면에서의 다차원적인 전략모색이 필요한 문제라고 할 수 있다.

즉, 사회 전반적인 노인학대증가에 따른 효율적인 예방 및 사후 대책을 위해서는 노인학대의 실태와 요인 등에 대한 학문적 접근이 기본적으로 이루어져야 하며 이러한 접근의 기초위에서 학대노인과 학대가해자인 주부양자들을 대상으로 한 적절한 사회사업적 개입서비스가 제공되어야 할 것이다.

이러한 학대연구에 필요성에 근거하여 이에 본 연구는 치매노인 주부양자 246명을 대상으로 치매노인학대 영향요인을 파악하였다. 노인학대에 영향을 미치는 요인으로 밝혀진 주부양자와 치매노인의 특성을 통제변수로 하여 부양부담, 사회적지지, 가족기능, 치매질병수준을 노인학대 요인으로 재구성하여 각 변인들이 치매노인학대에 미치는 영향에 대해서 알아보았다. 이를 통하여 치매노인 주부양자가 인식한 치매노인 학대에 영향을 주는 요인들을 확인하였다. 또한 치매노인 학대의 영향요인을 종합적으로 파악하고 예측하여 치매노인 학대의 예방 및 대책을 위한 기초 자료를 제공하고자 하였다. 나아가 치매노인 및 가족을 대상으로 한 치매노인학대 예방을 위한 사회사업적 전략과 적합한 서비스 개발 및 발전방안을 모색함으로써 치매노인은 물론 주부양자와 치매노인 가족의 삶의 질 향상에 기여하기 위함이 본 연구의 목적이다.

위의 목적을 달성하기 위해 치매노인 주부양자를 대상으로 실시한 설문조사의 연구결과는 다음과 같다.

첫째, 치매노인의 인구·사회학적 특성에 따라 사회적 지지, 가족기능, 치매질병수준에는 유의미한 차이가 나타났다. 그러나 치매노인 학대와 부양부담은 치매노인의 인구·사회학적 특성에 따라 유의미한 차이가 나타나지 않았다.

둘째, 치매노인 주부양자의 인구·사회학적 특성에 따라 치매노인 학대, 부양부담, 사회적 지지, 가족기능에는 유의미한 차이가 나타났다. 그러나 치매질병수준은 치매노인 주부양자의 인구·사회학적 특성에 따라 차이가 나타나지 않았다.

셋째, 치매노인 주부양자의 치매노인 학대에 영향을 미치는 요인으로 부양부담, 가족기능, 치매질병 수준이 예측변수로 나타났다. 그러나 사회적 지지는 치매노인 학대에 영향을 미치는 요인으로 나타나지 않았다.

이러한 연구 결과를 토대로 다음과 같은 제언을 할 수가 있겠다.

첫째, 치매노인 학대예방을 위한 치매노인 주부양자의 부양부담 감소프로그램이 필요하다.

둘째, 치매노인 주부양자의 노인학대예방을 위한 가족지원서비스가 절대적으로 필요하다.

셋째, 치매노인 주부양자와 가족을 대상으로 한 노인성치매질환관리와 관련된 서비스지원망 구축이 필요하다.

넷째, 치매노인 주부양자의 욕구에 적합한 사회적 지지 서비스가 제공되어야 한다.

끝으로 이 연구가 치매노인 주부양자들의 고통과 함께하기를 바라며 여러 가지 피할 수 없는 상황에 의해 행해지는 치매노인학대 예방 및 경감을 위한 기본 자료가 되기를 바란다.

2007년 6월

차 례

제 1 장 서 론__11

1.1 문제제기 ……………………………………… 12
1.2 연구문제 ……………………………………… 18

제 2 장 이론적 배경__19

2.1 주부양자(primary caregiver)의 개념 ………… 20
2.2 치매의 개념 …………………………………… 22
2.3 노인학대의 개념과 분류 ……………………… 26
2.4 선행연구고찰 ………………………………… 32

제 3 장 연구모형 및 가설__73

3.1 연구모형 ……………………………………… 74
3.2 연구가설 ……………………………………… 75

제 4 장 연구방법__77

4.1 조사대상 ……………………………………… 78
4.2 자료수집 방법 및 절차 ……………………… 78
4.3 변수의 정의 및 측정도구 …………………… 79
4.4 자료 분석방법 ………………………………… 84

제 5 장 연구결과__85

5.1 치매노인의 인구·사회학적 특성 ····················86
5.2 주부양자의 인구·사회학적 특성 ····················88
5.3 치매노인의 학대 수준 ·····························92
5.4 치매노인 주부양자의 부양부담 수준 ···············96
5.5 치매노인 주부양자의 사회적 지지 수준 ··········100
5.6 치매노인 주부양자의 가족기능 수준 ·············104
5.7 치매노인의 치매질병수준 ························108
5.8 치매노인 주부양자의 치매노인학대 영향요인 ···111

제 6 장 결론 및 제언__119

6.1 연구결과 요약 ·································120
6.2 제 언 ·······································123

참고문헌__131

부 록__143

제1장 서　론

1.1 문제제기

의료기술의 발달과 식생활 수준의 향상 등에 의한 평균수명의 연장으로 노인인구 증가현상이 가속화되고 있다. 우리나라는 2000년에 전체 인구 중 노인인구 비율이 7.2%를 차지하여 노령화사회에 진입하였으며 2005년에는 9%, 2010년에 10.7%, 2019년에 14.4%로 노령사회 그리고 2026년에는 20%를 넘어 초고령 사회가 될 것이라고 전망하고 있다.[1] 이러한 노인인구의 급속한 증가현상으로 말미암아 노인은 신체적, 정신적, 경제적, 사회적으로 의존성 높은 약자집단이 되어 가족이나 사회의 부양부담 요인이 되게 한다.[2] 뿐만 아니라 노인들을 경제적 빈곤, 건강보호, 소외, 역할상실 등의 문제에 노출시켜 사회 전반적으로 부정적 영향을 많이 초래하고 있다.[3]

이러한 여러 가지 문제 중에서 자신의 의지와는 상관없이 노화현상으로 어쩔 수 없이 가족부양자들의 전적인 보호를 받아야 하는 노인부양문제가 심각하게 대두되고 있다. 하지만 근래 전통적 가족공동체 의식의 약화, 노인부양을 전담해왔던 여성의 사회적 진출의 증가, 이기주의적 사고방식의 팽배 등으로 인하여 노인부양 기피 현상의 가속

---

1) 통계청 인구분석과, 「세계 및 한국의 인구현황」(2003), pp.20-22.
2) 조애저 외, "노부모 학대실태에 관한 사례연구"(한국보건사회연구원, 1999), p.38.
3) 최성재·장인협, 「노인복지학」(서울대학교 출판부, 2002), pp.27-32.

화로 노인학대가 유발될 수 있는 잠재적 가능성을 가지고 있다.

특히 노인성 질환 중에 가장 높은 부양부담을 가지는[4] 치매질환의 특성은 주부양자의 노인학대에 직ㆍ간적접인 영향을 주며 또한 학대 수준이 매우 높게 나타난다고 보고되고 있다.[5] 아직까지 치매노인들을 대상으로 한 사회적 서비스가 미비하고 부양가족의 제도적 지원체계가 부재한 현실에서 치매노인을 오랜 기간 동안 부양을 해야 하는 배우자와 성인자녀 등의 과중한 부양부담은 가족 간의 심각한 문제를 발생시키고 이러한 부양부담이 곧 가정폭력의 유형 중의 하나인 노인학대를 발생시킨다고 보는 것이다.[6]

일반노인의 학대와 관련해서는 국내에서도 다수의 연구가 이루어지고 있는 반면 아직 치매노인과 관련한 주부양자의 노인학대의 가능성에 대한 이해가 낮은 실정이며 아직 사회적으로 이슈화되지 못하고 있는 실정이다.

보건사회연구원의 전국노인학대실태[7]에 관한 조사한 결과에 의하면 응답노인의 8.2%가 자녀들과 배우자, 기타 친척들에게 신체적 학대를 경험한 것으로 나타났다. 학대유형별로는 언어 및 심리적 학대를 가장 많이 경험하였으며 학대받는 노인 중 44.4%가 거의 매일 학대를 받은 것으로 나타났으며 19.4%가 심각한 의료처치 경험이 있는 것으로 나타났다. 하지만 응답자들이 노인복지기관 프로그램에 참여할 수 있는

---

4) 권중돈 외, 「치매와 가족」(서울: 학지사, 2002), pp.451-462.

5) B. Schiamberg Lawrence, "An Ecological Framework for Contextual Risk Factors in Elder Abuse by Adult Children", *Journal of Elder Abuse and Neglect* (1999), pp.82-83.

6) S. K. Steinmetze and D. J. Amersden, "Dependent Elders, Family Stress and Abuse", in T. H. Brubaker, *Famillies Relationships in Later Life* (New York: Sage Publication, 1983), pp.173-192.

7) 조애저 외, 전게서, pp.167-168.

다소 건강한 노인임으로 신체적 의존성 수준은 치매노인보다도 훨씬 낮다고 보이며 이는 전적인 신체적 의존성을 요구하는 치매노인을 대상으로 한 학대 수준은 보다 높으리라고 추정해 볼 수 있다.

아내와 아동학대는 1990년 초반부터 사회적으로 이슈화되어 관련법 제정과 함께 사회적 서비스가 실시되고 있고 일반인들의 인식 또한 증가하고 있으나 노인의 경우에는 단지 1998년에 시행된 가정폭력 방지법상의 '가족원을 대상으로 한 가정 내의 폭력'으로 노인들을 포함하고 있다. 이 또한 학대에 대한 처벌조항만 있고 노인학대를 예방, 치료하는 규정은 명문화되어 있지 않다. 그러므로 처벌 위주의 규정은 도리어 피해자인 노인들로 하여금 신고를 기피하게 하며 무엇보다도 전통적인 효 실천과 가족윤리를 중요시하는 한국의 가족 문화적 특성, 그리고 무엇보다도 부모가 자녀를 해할 수 없다는 절대적인 자녀사랑이 학대발생 시 노인학대를 은폐시키는 데에 결정적인 역할을 하고 있다. 이러한 연유로 무엇보다도 학대의 사실을 실증적으로 규명하기가 어렵고, 학대의 정도에 대한 개인적 수준 및 인식의 차이 등으로 인해서 학대의 원인을 밝히는 데 어려움이 있어 노인학대문제가 사회문제로 인식되지 못하고 있는 것으로 생각된다.[8]

노인부양에 대한 가족의 책임이 낮은 미국에서도 노인학대의 피해자는 매년 100만 내지는 500만 명 사이로 추정되고 있으나 가정 내에서 행해지는 학대 중 16%만이 성인보호 서비스에 보고된다고 하였다. NCEA(National Center on Elder Abuse)보고에 의하면 가정 내에서의 학대와 방임에 의한 신고가 1996년 117,000여 건에서 1997년 293,000건으로 약 10년 사이에 150%나 증가하였고[9] 미국 전체 노인

---

8) 박봉길, "노인학대 인식도 분석을 통한 사회사업 원조전략"(박사학위청구 논문, 부산대학교 대학원, 2000), p.2.
9) 문애리, "노인학대문제에 대한 미국의 제도적 접근방식과 한국사회에서의

의 6%가 학대에 노출되고 있었는데[10) 이는 미국 사회 내에서도 노인학대문제가 사회문제로 등장하고 있음을 의미한다고 볼 수 있다. 또한 미국은 전국에 성인보호서비스센터를 설치, 운영하여 학대예방 및 사후접근을 위한 제도적 개입을 하고 있다.

그러나 근래 우리나라의 치매유병률은 전체 노인인구 중 약 10% 정도로[11) 주장되고 있고 노인학대가 이미 1999년에 8.2%[12)를 넘었는데도 불구하고 치매노인부양과 학대예방 및 치료를 위한 공식적인 서비스체계가 부재한 실정이다. 치매노인은 인지장애로 인한 문제행동으로 인해 암 환자보다도 더 많은 부양스트레스를 유발하여 주부양자는 물론이고 가족 전원을 황폐화시켜 가족기능을 마비시키고 가족위기까지 몰고 가는 무서운 질환이다. 이처럼 치매는 노인성질환 중에서 가장 큰 부양부담 스트레스를 유발[13)하여 치매노인학대를 예방하기 위한 적극적인 개입이 절대적으로 필요하다.

그러나 치매환자의 진료에 사용되는 비용은 국가 전체 의료비의 0.04%로[14) 낮은 비율을 차지하고 있음을 볼 때 국가적 접근수준이 미약함을 알 수가 있다. 평균수명의 증가추세가 가속화되는 우리나라의 인구변화를 감안한다면 이는 치매노인의 수도 급속도로 증가할 것으로 보인다.

함의", 「노인학대 워크샵 자료집」(서울: 방배종합사회복지관, 2002), pp.4-5.

10) J. Anetzberger Georgia, "Elder Abuse Identification and Referral: the Importance of Screening Tools and Referral Protocols" *Journal of Elder Abuse and Neglect* (1999), pp.3-5.

11) 한국보건사회연구원, 「인구추계」(2001), p.5.

12) 조애저 외, 전게서, p.20.

13) 김양이, "치매노인주부양자를 위한 스트레스 관리 훈련의 효과"(박사학위청구논문, 서울여자대학교 대학원, 1999), pp.6-9.

14) 오진주, "치매노인 보건관리에 관한 연구"(박사학위청구논문, 서울대학교 대학원, 1995), p.8.

특히 치매라는 질병은 10년 이상의 긴 기간 동안 신체적, 정서적, 물질적 부양의 부담을 초래하는 질병이다. 그러므로 치매노인의 주부양자는 오랫동안 부양을 하면서 노부모에 대한 존경심이 상실되고 극단적인 경우 노부모를 유기하거나 폭행하는 등 학대의 상황까지 유발하게 된다.[15]

따라서 치매노인부양에서 주부양자의 치매노인학대의 가능성은 항상 잠재되어 있다고 보아도 과언이 아니다. 이러한 학대문제는 주부양자나 치매노인의 개별적인 문제해결이 아니라 사회적, 정책적인 측면에서의 다차원적인 전략모색이 필요한 문제라고 할 수 있다.

즉 사회 전반적인 노인학대증가에 따른 효율적인 예방 및 사후 대책을 위해서는 노인학대의 실태와 요인 등에 대한 학문적 접근이 기본적으로 이루어져야 하며 이러한 접근의 기초 위에서 학대노인과 학대가해자인 주부양자들을 대상으로 한 적절한 사회사업적 개입서비스가 제공되어야 할 것이다.

미국을 중심으로 1970년 이후 노인학대연구가 발표되기 시작했고 한국은 1990년대 중반 이후부터 노인학대와 관련한 연구가 시작되었으나 대부분 미국과 한국 모두 일반노인을 대상으로 한 연구이다. 이러한 일반노인을 대상으로 한 학대 관련연구에서는 학대를 발생시키는 요인으로 노인 및 주부양자의 특성, 부양부담, 사회적 지지, 가족기능, 노인의 질병수준 등과 관련한 변수들이 확인되었다.

노인학대와 관련한 연구는 90년대 중반부터 시작되었으며, 이와 관련된 국내 연구들을 살펴보면 김한곤, 박봉길, 이선이, 한은주, 이연호 등[16] 약 10여 편의 연구논문이 있으며, 노인관련특성, 부양자의 특성,

---

15) 이인수, 「현대노인복지론」(서울: 양서원, 1999), pp.338-341.

16) 김한곤의 "노인학대의 인지도와 노인학대실태에 관한 연구", 박봉길의 "노인학대 인식도 분석을 통한 사회사업원조전략", 이선이의 "노인학대

질병수준, 가족갈등, 가족관계 및 가족지지, 경제적 상황, 부양스트레스, 사회적 지지 등이 노인학대요인으로 확인되었다.

이러한 선행연구들은 대부분 피해자입장인 일반노인을 대상으로 한 연구와 제3자를 대상으로 한 노인학대 인식조사이며 노인성 치매 질환의 특성상 학대 가능성이 가장 높을 것이라고 생각되는 치매노인의 주부양자를 대상으로 한 노인학대와 관련한 연구는 전무하다. 그러므로 현 가정폭력방지법상 노인학대의 처벌 위주의 사후 접근방식보다는 노인학대 예방을 위해 실제 치매노인을 부양하는 주부양자를 대상으로 학대의 요인을 밝히는 것이 선행되어야 한다고 본다.

본 연구에서는 노인학대에 영향을 미치는 요인으로 밝혀진 주부양자와 치매노인의 특성을 통제변수로 하여 부양부담, 사회적 지지, 가족기능, 치매질병수준을 노인학대요인으로 재구성하여 각 변인들이 치매노인학대에 미치는 영향에 대해서 알아보고자 하였다. 이를 통하여 치매노인 주부양자가 인식한 치매노인학대에 영향을 주는 요인들을 확인하였다. 또한 치매노인학대의 영향요인을 종합적으로 파악하고 예측하여 치매노인학대의 예방 및 대책을 위한 기초 자료를 제공하고자 한다. 나아가 치매노인 및 가족을 대상으로 한 치매노인학대 예방을 위한 사회사업적 전략과 적합한 서비스 개발 및 발전방안을 모색함으로써 치매노인은 물론 주부양자와 치매노인 가족의 삶의 질 향상에 기여하기 위함이 본 연구의 목적이다.

에 영향을 미치는 요인에 관한 연구", 한은주의 "노인학대원인에 대한 생태학적 연구", 이연호의 "노인학대 위험요인과 피해에 관한 연구" 등으로 제2장 선행연구 부분에서 구체적으로 언급할 예정임.

1.2 연구문제

본 연구의 목적을 달성하기 위한 구체적인 연구문제는 다음과 같다.

1. 치매노인과 치매노인 주부양자의 인구·사회학적 특성 및 부양부담, 사회적 지지, 가족기능, 치매질병수준, 그리고 치매노인학대 정도는 어떠한가?

2. 치매노인의 인구·사회학적 특성에 따른 부양부담, 사회적 지지, 가족기능, 치매질병수준, 그리고 치매노인학대의 차이가 있는가?

3. 치매노인 주부양자의 인구·사회학적 특성에 따른 부양부담, 사회적 지지, 가족기능, 치매질병수준, 그리고 치매노인학대의 차이가 있는가?

4. 치매노인 주부양자의 부양부담, 사회적 지지, 가족기능, 치매노인의 치매질병수준은 치매노인학대에 영향을 미치는가?

제2장 이론적 배경

2.1 주부양자(primary caregiver)의 개념

신변 가까이에서 시중드는 것, 즉 뒷바라지를 하며[17] 노인을 보호하는 사람을 지칭하는 말은 수발인, 부양인, 시중인, 간병인, 봉양인 등 다양한 표현이 있으나 본 연구에서는 주부양자라는 용어를 사용하고 있다. 여기서 부양인이란 노인을 보호하는 사람으로서 혼자일 수도 있고 혹은 가족 중에서 복수일 수도 있으나 전적으로 노인보호를 책임지는 사람을 주부양자라고 부른다. 주부양자와 관계된 용어는 학자들에 따라 상이하다.

우국희와 이경남은 치매노인을 부양하는 책임은 가족 중 한 사람에게 전적으로 부여되고 있으며 이러한 1차적 책임을 지는 사람을 주수발인 혹은 1차적 수발인이라고 명명하였으며 가족구성원들 간의 부양의 공동책임이라는 원칙하에 주수발인을 직접 혹은 간접적으로 도와주는 2차적 수발인이 존재한다고 하였다.[18]

반면 이선이는 가정과 병원입원중인 노인보호에 책임지고 있는 사

---

17) 서인선, "치매시어머니를 수발하는 며느리의 경험"(박사학위청구논문, 이화여자대학교 대학원, 2003), pp.16-17.

18) 우국희, "치매노인 수발인의 수발 및 사회적 지지에 대한 주관적 경험"(박사학위청구논문, 서울대학교 대학원, 1997), pp.11-12.
이경남, "치매노인 수발부담 경감을 위한 사회적 지지망 개입"(대학원 박사학위청구논문, 부산대학교 대학원, 2000), pp.16-17.

람 중 며느리나 딸, 손녀 등 여성부양자만을 유의표집하여 연구하였
는데 이들을 여성주부양자로 칭하였으며 주부양자를 원조해 주는 사
람을 교대수발자라는 용어로 정의하였다.[19] 이가옥과 이미진의 공동
연구에서도 540명의 재가 장기요양보호노인을 부양하는 가족수발자를
대상으로 한 연구에서는 노인보호를 전적으로 책임지는 사람을 주수
발자라고 칭하여[20] 이경남과 우국희와 이와 동일한 용어를 사용하고
있다. 또한 김양이는 가정 내의 노인의 보호에 전적인 책임을 지는
사람을 주부양자라고 칭하였다.[21]

노인에 대한 자녀의 부양책임에 대해 동양에서는 친부모보다는 시
부모에 대한 책임을 중시하여 며느리가 주부양자로서의 역할을 많이
하며 서양에서는 친부모에 대한 책임을 중시하여 딸이 주부양자 역할
을 하는 경우가 많다.

질환노인의 배우자가 있어도 배우자가 고령이기 때문에 부양부담으
로 인한 노인성 질환에 노출될 가능성이 있어 더 심각한 가족문제를
발생하기도 한다. 이러한 연유로 장남의 집에 살면서 며느리가 주부
양자가 되고 노인의 배우자가 2차적 부양자가 되기도 하며 혹은 배우
자가 주부양자가 되며 며느리가 2차적 부양자가 되기도 하나 전반적
으로 가사를 전담하면서 가정에 머무는 시간이 많기 때문에 주부, 즉
여성이 주부양자가 되는 경우가 많다.

김양이[22]의 연구에서는 연구대상 주부양자의 15명 중 여성이 10명

---

19) 이선이, "노인학대에 영향을 미치는 요인연구"(석사학위논문, 이화여대
    대학원, 1998), p.54.
20) 이가옥·이미진, "장기요양보호노인 가족수발자의 정서적 부양부담에 관
    한 연구", 「한국노년학회지 20(2)」(2000), pp.215-225.
21) 김양이, 전게서, p.11.
22) 상게서, p.55.

이었으며 우국희[23] 연구에서도 연구대상 9명 중 8명이 여성이었고,
이선이의 연구에서도 조사대상자 전체 149명이 모두 여성이며 서인
선[24]의 심층면접 방법을 통한 질적 연구에서도 조사대상 전체가 며
느리인 여성이었다.

  따라서 본 연구에서는 선행연구에 기초하여 치매노인의 보호에 전적
인 책임을 지는 사람을 주부양자라고 칭하며 또한 치매노인 주부양자
를 '가정 내에서 치매노인의 1차적인 부양책임을 가지고 있고 실제적
으로 치매노인에게 보호서비스를 하고 있는 사람'이라고 정의한다.

2.2 치매의 개념

2.2.1 치매의 정의

  치매는 '황폐화된 정신상태(deteriorated mentality)'라는 영어의 줄
임말로써 용어 그대로 정서, 기억, 사고, 인지능력 등이 저하되면서 나
타나는 여러 가지 증상들을 총칭하는 용어로 사용되고 있으며 영문으
로 dementia라고 하여 라틴어의 "de(out of)+mens(mind)+ia(state
of)"에서 유래되어 정신이 나간 상태, 즉 정신력의 상실을 의미한다.[25]

  1993년 제정된 국제질병분류의 수정기준에 의하면 치매는 만성 혹
은 진행성 뇌질환에 의해서 생기며 기억, 판단, 상황인식, 계산, 학습,

---

23) 우국희, 전게서, p.41.

24) 서인선, 전게서, p.27.

25) 조근영, "치매노인가족의 가족기능에 관한 연구"(석사학위청구논문, 이
    화여자대학교 대학원, 2002), p.5.

표현 등 다수의 고위 대뇌기능 장애로 이루어진 증후군으로 정의되고
있다.[26] 또한 세계보건기구에 의하면 치매란 다수의 고위 대뇌기능
장애로 발생하는 뇌의 질환으로 인해 생기는 하나의 증후군으로 대개
만성적으로 진행되며 기억력, 사고력, 지남력, 이해력, 계산능력, 학습
능력, 언어 및 판단능력 등을 포함하는 고도의 피질기능의 다발성 장
애로 일컬어지며 발병 기간이 6개월 이상일 때를 치매라고 규정지었
다.[27] 우리나라에서는 일반적으로 노인치매를 노망이라고 부르고 있
으며 기억력이 감퇴되어 실어증, 실행증, 그리고 실인증의 증상 등을
유발하며 또한 판단력과 자제력을 상실하여 평소에 하지 않던 괴이한
행동을 하는 것을 말한다. 이러한 노인성 치매는 뇌세포의 지속적 파
괴와 손상으로 기억력, 인지력, 판단력, 자제력 등이 떨어지는 현상을
유발한다. 이러한 지적 능력의 감소는 선천적인 지적 장애를 지닌 정
신지체와는 달리 발병 이전에 필히 정상적인 지적 능력을 가지고 있
었던 경우만 해당된다.

따라서 노인성 치매는 기억력, 언어능력, 시공간기능, 판단력 등의
인지기능 영역에 전반적인 장애가 일어남을 의미하며 정신장애 진단
분류의 하나인 DSM-IV에 의하면 기억장애의 기본증상 외에 실인증,
실행증, 실어증, 수행기능의 한 가지 이상의 장애가 동반될 때를 치매
라고 정의할 수 있다.[28]

---

26) 권중돈, 「한국 치매가족 연구: 부양부담 사정도구 및 결정모형 개발」(서
    울: 홍익재, 1995), p.27.
27) 우종인 외, "한국노인인구의 치매의 역학적 특성에 관한연구"(서울대병
    원 연구보고서, 1994), pp.1-9.
28) 권중돈 외, 「치매와 가족」(서울: 학지사, 2002), p.45.

2.2.2 치매의 원인

치매의 원인은 매우 다양하여 100여 가지로 밝혀지고 있으며 치매가 일어나는 뇌 부위에 따라 피질성 치매와 피질하성 치매, 뇌신경의 병리소견에 따라 퇴행성 변성질환과 비퇴행성 변성질환, 그리고 가역성 여부에 따라 가역성 치매와 비가역성 치매로 분류되나 일반적으로 치료가능 여부에 따라 가역성, 비가역성 치매로 분류된다. 가역성 치매의 원인으로는 약물, 알코올, 그리고 화학물질 중독에 의한 정신과적 질환과 전해질 장애, 갑상선질환, 비타민, 결핍증, 일시적인 뇌 기능의 장애를 초래한 감염성 뇌질환, 두부외상 등을 비롯하여 정상압 수두증과 다발성 경색증 등 대사성 원인 등이 있다. 비가역성 치매의 원인으로는 기질적 뇌질환이며 가역성의 원인적 진단이 가능한 것에 비해 정확한 원인을 알 수 없어 치료가 불가능하다.

치매의 원인으로 노인성 치매에 가장 흔한 질환은 전체 약 50-60%를 차지하는 비가역성인 알츠하이머 치매로서 진행성 치매의 대표적 질환이며, 전체 20% 차지하는 혈관성 치매, 그리고 그 외의 알코올성 치매를 포함한 그 외의 치매가 10-30%라고 볼 수 있다.[29] 흔히 일반적으로 가장 많은 알츠하이머, 혈관성, 알코올성 치매의 원인을 간단하게 살펴보면 다음과 같다.[30] 알츠하이머 치매의 원인은 갑작스런 두부손상 및 지속적 두부외상, 그리고 가족력이 발병위험인자로 추측하고 있으며 서서히 발병, 진행하며 이 치매환자들에게는 대뇌피질의 위축, 피질구와 뇌실의 확장, 노인반, 신경세포의 소실, 신경섬유뭉치 혈관병변 등이 발견되며 특히 심각한 인지장애현상을 동반한다. 혈관

---

29) 김귀분, "치매의 원인과 질환", 「대한간호학회지」, 37(1)(1998), pp.17-19.
30) 권중돈 외, 전게서, pp.46-54.

성 치매는 뇌졸중, 고지혈증, 고혈압, 당뇨병, 흡연 등이 원인으로 추측되고 있으며 갑작스런 발병, 계단식 악화, 반사항진, 경직 등의 심각한 운동장애현상이 난다. 알코올성 치매는 알코올에 의한 알코올자체의 뇌세포에 대한 독성작용, 영양결핍에 비타민 부족, 두부외상, 전신성 질환에 의한 뇌손상 등에 의하여 일어난다. 알코올 중독증이 많은 우리나라에서는 치매예방을 위한 알코올 중독증 치료가 중요하다.

2.2.3 치매노인의 증상 및 심리적 특성

2.2.3.1 치매의 증상

노인 인구증가로 인하여 급속도로 증가될 것으로 보이는 치매의 증상은 원인이 매우 다양하지만 증상은 크게 인지기능 장애와 정신증상으로 구분된다.[31]

인지기능 장애에는 기억력 장애, 시간흐름이나 주변인들에 대한 인지가 안 되거나 방향 및 장소를 찾지 못하는 지남력 장애, 그리고 주의력 장애와 언어장애, 시각적, 청각적, 촉각적 감각을 잃어버리는 실인증, 일상생활에서 기본적으로 필요로 하는 행동방법을 전혀 실행치못하는 실행증, 시공간기능 장애, 수행능력 장애 등이 포함된다.

정신증상에는 치매는 망각과 환각, 초조, 불안 우울증, 무감동, 그리고 공격적 행동, 그리고 수면장애 등의 증상을 말한다. 특히 망각과 환각, 강박적 행동 및 수면장애가 가장 많이 나타난다.

---

31) American Psychiatric Association, DSM-Ⅳ(Wachington DC: APA, 1994), pp.133-155.

2.2.3.2 치매노인의 심리적 특성

일반적으로 치매환자들은 다음과 같은 일곱 가지 심리적 특성을 지
니고 있다.[32] 즉 건망증으로 인한 만성적 불쾌감, 자신에 대한 자긍심
의 저하로 인한 우울 및 불안 초조, 급격한 감정변화, 거짓말을 하여
부양자를 당황스럽게 하는 작화행동, 극도의 피해의식으로 주부양자에
대한 증오심이 있으며 또한 근래의 단기기억보다는 과거 오래된 장기
기억에 대한 기억력에 의해 현실을 과거와 혼돈하는 특성 등이 있다.

2.3 노인학대의 개념과 분류

2.3.1 노인학대의 개념

노인학대는 Elder Maltreatment, Elder Mistreatment, Neglect 등의
용어를 사용하나 구미와 한국의 학자들은 일반적으로 Elder abuse라는
용어로 많이 사용하고 있다. 또한 국가, 지역 그리고 학자들에 따라 노
인학대는 각각의 연구결과에 의해서 매우 다양하게 정의되고 있다.

미국에서는 1980년 초부터 많은 연구자들이 노인학대문제의 수준을
연구하고 그 원인에 대한 연구를 하기 시작하였다 처음에는 노인학대
를 아동학대와 아내학대 그리고 가정폭력과 관련한 문헌을 연구하거
나 개념정립에 관심이 많았다.[33]

---

32) 홍여신 외, "노인성 치매환자 가족간호 향상을 위한 교육프로그램효과에
    관한 연구", 「대한간호학회 25(2)」(1994), pp.45-60.
33) Ann L. Curley, "An Assessment of Burden, Control, and Professional

　미국의 1980년대 초 Beck과 Ferguson은 학대를 권리의 침해, 신체적 학대, 물질적 학대, 심리적 학대 등 네 가지 유형으로 나누었으며 노화된 어버이가 더 이상 가족을 부양하지 못할 때 성인자녀나 배우자에 의해 행해지는 것으로 노인학대를 설명하는 등 노인학대에 대한 정의는 명확하게 내려져 있지 않으며 매우 다양하게 분류되고 있는데, 노인이 처해있는 상황이나 환경적 요인에 따라 우선 노인이 생활하고 있는 가정 내에서 가족구성원에 의해 발생되는 학대와 요양원 등의 노인시설에서 시설종사자에 의해 가해지는 노인학대, 그리고 노인이 신체적, 정신적 손상으로 자신을 제대로 돌보지 못하는 자기 방임이나 자기학대 등의 세 가지 범주로 구분된다.[34] 또한 13명의 서비스기관, 8명의 방문간호단체, 8명의 간병인기관, 1명의 법적서비스 기관종사자 등 총 30명을 대상으로 실시한 노인학대조사에서 응답자들은 노인학대를 신체적 학대, 심리적 학대, 성적 학대, 사회환경적 학대 등 네 가지 유형으로 정의적 인식을 하였다.[35] 그리고 90년대 이후에 학대의 정의를 요양소 강제입소를 포함, 물리적 학대, 심리적 학대, 재정적 학대 및 방임 및 권리를 침해하는 것이라고 주장하는[36] 연구가 나오기 시작하였다.

Support of the Caregivers of Abused Elders"(Ph. D. Dissertation, The State University of New Jersey, 1996), p.11.

34) Tatara, "Elder Abuse in the United states: An Issue paper, prepared for the Administration on Aging" in The Department of Health Human Service(HHS), *The National Resource Center on Elder Abuse*(1990), p.60.

35) Chen et al, "Elderly Abuse in Domestic Setting", *Journal of Gerontological Social Work*, 4(1)(1991), pp.3-17.

36) Namkee G, Choi et al, "Financial Exploitation of Elders: Analysis of Risk Factors Based on County Adult Protective Services Data", in *Elder Abuse and Neglect*(1999), pp.41-43.

현재 시점에 있어 미국의 노인국과 국립노인학대센터(NCEA)는 신체적 학대, 심리적 학대, 성 학대, 재정적 학대, 방임 등이 포함된 내용으로 모든 관계에서 발생되는 노인에게 해나 장해를 일으킬 수 있는 단일한 혹은 반복적 행동, 적절한 행동의 부족 등을 말한다[37]고 규정짓고 있다.

전길량과 송현애는 노인학대와 방임을 포괄적으로 포함되는 행동을 홀대라는 용어를 사용하여 노인학대 용어를 개념화하였으며[38] 이연호는 노인학대의 개념을 누군가가 의도적으로 노인에게 해를 입히는 개념의 소극적 전제에서 벗어나 노인의 인권과 권리보장을 전제로 한 적극적인 넓은 범주로 규정[39]하고 있으며 송영민은 노인이 생명을 유지하고 생활을 유지하고 영위하기 위해 요구되는 신체적, 경제적, 정서적 욕구를 가해하거나 방치하는 행위로 규정하고 있다.[40]

따라서 본 연구에서는 선행연구에서 제시되었던 노인학대의 정의들을 토대로 하여 '노인에게 의·도적으로 신체적, 정신적 손상을 가하거나 방임 등으로 부양의무를 소홀히 하는 것'으로 노인학대를 정의하고자 한다.

2.3.2 노인학대의 분류

일반적으로 노인 관련 연구자들은 각자의 연구유형에 적절한 다양한 노인학 또한 학대의 유형은 신체적 학대, 신체적 방임, 심리적 학대, 심

---

37) www.ncea.com.

38) 전길량·송현애, 「노인 홀대에 관한 연구 −학대와 방임에 대한 인식 및 경험을 중심으로. 가족폭력에 관한 프로그램 개발 연구」(한국가족상담교육단체협의회, 1997), p.40.

39) 이연호, "노인학대위험요인과 피해에 관한 연구"(박사학위청구논문, 이화여자대학교 대학원, 2002), p.11.

40) 송영민, "여성노인의 의존성과 학대경험에 관한 연구"(박사학위청구논문, 고려대학교 대학원, 2002), p.58.

리적 방임, 물질적 학대, 자기학대나 자기방임 등을 포함시키고 있다.

　Hickey와 Donglas는 신체적 학대, 심리적 및 정서적 학대, 언어적 학대, 방임으로 분류하였으며[41] Johnson은 노인학대를 신체적 학대, 방임, 기타의 3종류로 분류하였으며,[42] 그리고 Godkin과 Wolf, 그리고 Pillimer,[43] 그리고 Bouter와 그의 동료학자[44]들은 신체적 학대, 정서적 학대, 재정적 학대, 방임 등으로 재정적 학대를 포함시켰으며 Quinn과 Tomita는 신체적 학대, 심리적 학대, 재정적 학대, 노인의 권리 침해, 자기방임 등으로 재정적 학대와 더불어 노인의 권리침해 및 자기방임을 추가시켜 노인학대를 분류하였으나 언어적 학대를 포함시키지 않고 있으며[45] Blakely와 Morris는 신체적 학대, 재정적 학대, 방임 등으로 다른 학자와는 달리 정서적, 언어적 학대를 포함시키지 않았으며,[46] Penhale의 연구에서도 신체적 학대, 심리적 학대, 재정적 학대, 방임 등 네 영역으로 분류하여 심리적 학대를 포함시켰으나 언어적 학대는 포함시키지 않았다.[47] 전길양과 송현애의 공동연구에서는 홀대라는 용어

---

41) T. Hickey, R. L. Douglass, "Mistreatment of the elderly in the domestic setting" in *American Journal of Public Health* 71(1981), pp.500-505.

42) I. M. Johnson, "Family member' perception and attitude toward elder abuse", *Journal of Contemporary Human Service* 76(4)(1995), pp.220-229.

43) M. Godkin, R. Wolf, K. Pillemer, op. cit, "A Case Comparison Analysis of Elder Abuse and Neglect" in *International Journal of Aging and Human Development* 28(1989), pp.207-225.

44) S. M. Bouter et al, "Risk Indicators of Elder Mistreatment in the Community", *Journal of Elder Abuse and Neglect* 9(4)(1998), p.71.

45) M. J. Quinn and S. K. Tomita, *Elder Abuse and Neglet: Causes, Diagnosis and Intervention Strategies*(New York: Springer Publishing Company, 1986), pp.9-10.

46) B. E. Blakly and D. C. Morris, "Public Perception of and Responses to Elder Mistreatment in Middletown", *Journal of Elder Abuse and Neglect* 4(3)(1992), pp.19-35.

를 사용하여 학대를 설명하였으며 신체적 홀대, 심리적 홀대, 재정적
홀대, 유기 등으로 분류하였다.[48] 그리고 이성희와 한은주의 공동연구
에서는 신체적 학대, 유기, 신체적 방임, 심리적 학대와 방임, 재정적 학
대 및 방임 등으로 노인학대를 분류하여 방임을 추가적으로 포함시켰
으며,[49] 한동희의 연구[50]에서는 신체적 학대, 정서·심리적 학대, 경제
적 학대 및 착취 등으로 분류하여 처음으로 착취를 포함시켰다.

또한 한은주[51]는 신체적 학대, 정서적 학대, 재정적 학대로 분류하였
으며 이연호는 구체적인 학대유형을 신체적, 심리적, 재정적 학대 및 방
임으로 분류하였으며 송영민[52]은 노인학대의 분류를 형태별 분류와 발
생장소별 분류 등 두 가지 형태 분류를 하였으며 형태별 분류는 신체적
학대, 경제적 학대, 정서적 학대, 유기 등으로 나누었으며 발생 장소별
분류는 가정학대와 시설학대, 사회적 학대, 자기학대 등으로 나누었다.

선행연구에서의 노인학대 분류가 국가별, 학자별로 다소 차이가 있
어 일정하게 합의하기 어려운 문제가 있으며 연구자에 따라 정서적
학대를 심리적 학대로, 재정적 학대를 경제적 학대 혹은 착취로 명명
하여 분류하고 있고 전반적으로 신체적 학대, 정서적 학대, 언어적 학
대, 재정적 학대, 방임, 유기 등으로 분류됨을 알 수가 있다.

---

47) B. Penhale, "Bruises on the Soul: Older Woman, Domestic Violence, and
    Elder Abuse", *Journal of Elder Abuse and Neglect 1*, 1(1)(1999), p.11.

48) 전길양·송현애, 전게서 pp.40-42.

49) 이성희·한은주, "부양자의 노인학대경험과 관련요인", 「한국노년학회
    지18(3)」(1998), p.135.

50) 한동희, "노인학대에 관한 연구"(박사학위논문, 대구가톨릭대학교 대학원,
    1996), pp.7-8.

51) 한은주, "노인학대의 원인에 대한 생태학적 연구"(박사학위논문, 성신여
    자대학교대학원, 2000), pp.13-14.

52) 송영민, 전게서, pp.58-61.

본 연구에서는 대부분의 연구자들이 노인학대의 분류에 대부분 포함시키고 있는 것을 토대로 신체적 학대, 정서적 학대, 언어적 학대, 방임 등으로 노인학대를 분류하여 연구하기로 한다.

(1) 신체적 학대

신체적 학대는 노인의 신체에 직접적으로 가해를 가하거나 자유스런 신체이동을 제한하고 가해를 가하겠다고 협박하는 등의 행위를 말한다.

예를 들어 물건투기, 구타, 신체적 구금, 가해협박, 그리고 신체에 필요한 장비를 구비해 주지 않는 행위, 생존에 필요한 음식을 주지 않는 행위 등을 말한다.

(2) 정서적 학대

정서적 학대는 비언어적 행동으로 직·간접으로 심리적 고통을 주는 행위와 비난과 분노, 불쾌한 음조가 포함된 의사소통, 그리고 치매노인의 자극에 정서적 반응하지 않는 무시행위 등이 포함된다. 정서적 학대는 언어적 학대와 부분적으로 중복된다.

(3) 언어적 학대

분노와 비난 그리고 강한 불쾌감이 포함된 언어를 사용하거나 혹은 목소리의 음조가 분노적 의미와 비아냥거림 등의 언어를 사용하거나 치욕적인 욕을 하는 행위 등이 포함된다. 언어적 학대는 신체적 학대와 함께 동반되는 경우가 많다.

(4) 방 임

치매노인이 생존에 필요한 음식을 주지 않는 행위, 의약적 처치를 하지 않는 행위, 감금 이후에 장시간 외출하는 행위 등이 포함된다.

2.4 선행연구고찰

노인학대는 문화적인 요인을 배경으로 하며, 다양한 문제들이 얽혀 있는 상황에서 발생하므로 관련요인을 정확하게 규명하는 것은 매우 어려운 일이다. 또한 동일한 요인도 대상자의 상황변화에 따라서 부정적이거나 혹은 긍정적인 영향을 미치는 것으로 보고되고 있기도 하다.

미국은 1980년 초를 기점으로 비로소 노인학대가 아동학대와 다른 별개의 연구로서 주로 개념화 작업과 관련된 연구를 하기 시작하였으며 그 이후 1990년대에는 노인관련시설 내의 학대, 가족의 노인학대 성인보호센터(APS)의 전문적 서비스를 제공과 관련된 연구, 그리고 노인학대의 요인과 관련된 연구가 본격적으로 이루어지기 시작하였다.

또한 90년대 초기에는 주로 노인과 가해자의 인구사회학적 특성을 중심으로 한 요인 연구가 활발하였으며 90년대 중반 이후부터는 노인과 가해자의 인구사회학적 특성을 토대로 한 다른 변수들, 즉 부양부담 스트레스, 노인질병수준, 가족기능, 사회적 지지 등과 관련된 것들이 가정 내 노인학대요인으로 확인되는 연구결과들이 있었다.[53]

이외에도 권력관계의 불균형을 설명하는 페미니스트 이론이나 사회 내의 노인의 지위를 설명하는 노인차별주의이론(Agism)을 이용한 접근들이 다양하게 학대연구에 적용되어 왔다.[54]

---

53) 선행연구고찰 부분에서 구체적으로 고찰함.

54) B. Bond John Jr et. al, "Elder Abuse: Feminist and Ageist Perspectives", 『Journal of Elder Abuse and Neglect 10(3/4)』(1999), pp.121-123.
노인학대센터에 접수된 사례를 페미니스트적, 노인차별주의적 관점에서 조사, 분석함. 성인자녀학대 50개, 배우자학대 50개 케이스 분석 결과 남성 노인일수록, 연령이 높을수록 학대가능성이 높게 나타나며 성인자녀의 학대는 아들로서 재정적 학대를 많이 하며, 배우자의 학대는 남편으로서 신체적 학대를 많이 하는 것으로 확인됨.

국내연구의 경우를 살펴보면, 90년대 중반 이후부터 노인학대에 대한 개념화작업과 관련된 연구를 시작으로 2000년대 들어서는 가정 내 노인학대요인과 관련된 연구가 나오기 시작하였다.

노인학대와 관련된 선행연구결과[55]를 보면 노인 대상자 요인으로는 성별, 연령, 교육수준, 재산수준 건강상태, 자아존중감 등과 같은 일반적 특성 변인들이 위험요인으로 확인되었다. 주부양자 요인으로는 성, 연령, 교육연수, 노인과의 관계, 종교, 월수입, 직업유무, 건강상태, 음주, 질병, 정신장애 등의 문제, 무능력, 부양 노인과의 기대감 불일치 등이 확인되었다. 그리고 노인부양으로 인한 부양부담 스트레스 요인과 가족적인 요인으로는 가족원과의 관계, 가족스트레스, 가족결속력, 관계만족도, 노인의 자녀와의 접촉수준 등 가족기능과 관련한 요인들이 선행연구에서 확인되었으며 그리고 사회문화적인 요인으로는 가족지지, 친구, 친척 및 지역사회 지지, 사회적 고립, 소외, 사회적 참여활동 수준 등 사회적 지지와 관련된 요인들이 노인학대의 위험요인으로 확인되었다.

그리고 노인의 질병의 종류와 질병의 문제적 특성이 노인학대를 유발하는 요인으로 확인됐다.

외국과 마찬가지로 한국 또한 노인 개인과 가해자인 주부양자의 특성, 노인과 주부양자, 노인부양에서 오는 과도한 부양부담 스트레스, 그리고 가족성원들 간의 상호 작용을 포함하는 가족기능, 그리고 주부양자의 노인학대 예방 및 사후적 개입을 위한 사회적 지원 등과 관련된 사회적 지지, 그리고 노인질병수준 등이 노인학대요인임이 선행연구에서 밝혀졌다.

따라서 본 연구에서는 외국과 우리나라의 선행연구에서 노인학대요

J. Crichton Susan, "Elder Abuse: Feminist Perspective"(Ph. D. Dissertation, University of Manitoba, 1998), pp.60-63.

55) 선행연구고찰 부분에서 구체적으로 고찰함.

인으로 확인된 치매노인과 주부양자의 특성, 부양부담, 가족기능 치매
질병수준, 사회적 지지 등의 변수를 가지고 이러한 변수들의 주부양
자의 치매노인학대 영향요인 여부를 파악하기로 한다.

　이상에서 언급된 한국 선행연구에서 나타난 노인학대와 관련된 위
험요인을 요약하면 [표 2-1]과 같다.

[표 2-1] 노인학대위험요인

연구자	제 목	발표지	조사대상	위험요인
한동희 · 김정옥 (1995)	노년기특성에 관련된 노인학대 연구	가정학회지 제7호	성인자녀, 배우자, 친척동거 중 학대경험노인 남녀 54명의 심층면접	노인의 인격적 특성(사리판단력 저하, 고집이 센 성격, 공격적인 성격 등), 신체적, 정신적 의존성, 무기력감, 생존적 의존
한동희 (1996)	노인학대에 관한 연구	효성가톨릭대 대학원 박사학위논문	65세 이상 학대경험 노인 54명	노인일반적 특성: 연령(75세 이상 53.8%), 성(여성 77%), 생활수준(-), 자녀와의 관계의질(-), 건강상태(복합질병), 부양자의 특성: 부양자의 무능력, 부양부담 스트레스, 자아존중감, 의존성, 노인-동거 자녀와의 결속관계
이영숙 (1997)	고부관계에서 발생한 노인학대에 관한 연구	대한가정학회지35(2)	며느리와 동거한 경험이 있는 여성노인, 117명	가족 간의 지위관계 고부관계
선실양 · 송현애 (1998)	노인홀대에 관한 연구	한국가족상담교육단체협의회	60세 이상 노인 160명, 성인남녀 291명(남성 144명, 여성 147명)	개인적 변인(노인): 노인의 성(남성) 연령, 자녀와의+동거, 관세적 면인(부양사)· 넌닝(-)가족관계 만족도(-), 가족 내 위치(차남 및 둘째며느리 이하-), 부양부담 스트레스, 부모의 부양기대감의 불일치, 가족지지, 가족원과의 관계, 자녀와의 접촉 정도
이성희 · 한은주 (1998)	부양자의 노인학대경험과 관련요인	한국노년학회	노인과 동거 중인 40세 이상의 기혼 남녀 200명	노인의 의존성 수준 부양부담 스트레스

연구자	제 목	발표지	조사대상	위험요인
서 윤 (2000)	노인학대 사례연구	한국노인복지 학회	학대경험노인 39명 사례연구	가족의 무관심, 부양부담 스트레스, 노인의 질병으로 인한 의존성, 가해자의개인적특성, (이기적, 외도, 이혼 등) 생활곤란
한은주 (2000)	노인학대의 원인에 대한 생태학적 연구	성신여대 대학원박사학위논문	자녀와 동거 중인 60세 이상 노인 200명	미시체계변인: 노인의 성(여성), 교육수준(−), 신체적 인지적장애로 인한 의존성, 결혼상태 중간체계: 남성부양자의 음주수준, 자녀와 관계만족도(−), 비동거자녀와의 비접적 결속력(−) 거시체계: 사회적 고립정도, 친구, 이웃, 친구로부터의 도구적, 정서적 지원(−),지역사회 서비스 인지도
박봉길 (2001)	노인학대 인식도 분석을 통한 사회사업원 조전략	부산대대학원 박사학위논문	전문가, 부/피양자	가족관계 불일치 정도 상호 의존성
이연호 (2002)	노인학대위 험요인과 피해에 관한연구	이화여대 대학원 박사학위 논문	학대경험이 있는 60세 이상 노인 102명	개인적 요인: 교육수준(−), 인지기능수준(−), 성별, 경제상태(−), 신체기능(−) 가족적 위험요인: 가족결속력(−) 사회문화적 위험요인: 단체참여 횟수, 친척접촉 횟수, 자녀접촉 횟수, 원조 요청
송민영 (2002)	여성노인의 의존성과 학대경험에 관한 일고찰	고려대 대학원 박사학위논문	1차 조사 :시설수용 여성노인 14명, 노인 단독가구노인 8명, 자녀동거노인 10명 (총32명) 2차 조사:1차 조사 대상 중 12명	질병으로 인한 강한 의존성→ 부양부담유발→노인학대요인

이외에 김미경, 이선이, 문영숙, 김신곤, 노영임, 정재욱 등의 노인학대와 관련한 석사학위논문들이 다수 있다.[56]

56) 김미경, "노인학대에 관한 연구"(석사학위논문, 청주대 대학원, 1998), 이선이, 전게서, 문영숙, "노인의 배우자 학대경험과 관련요인에 관한 연

2.4.1 인구·사회학적 특성과 치매노인학대

2.4.1.1 치매노인의 특성과 노인학대

노인학대에 영향을 미치는 일반적인 특성으로 노인 대상자와 관련된 변수들은 성별, 연령, 교육수준, 노인유병 기간, 소유재산, 그리고 건강상태 등의 변수들이 연구됐다. 특히 고질적인 장애와 질병을 가진 노인은 주부양자의 부양부담 스트레스가 가중되어 결과적으로 학대받거나 방임되기가 쉽다.

(1) 치매노인의 성

여성노인인 경우 나이가 들수록 육체적, 정신적 손상이 증가하여 가족으로부터 보다 많은 원조를 받아야 함에 따라 학대의 위험은 더 높아진다[57]는 것이 연구됐다. 또한 여성차별주의과 노인차별주의 시각이 여성노인을 학대하게 하는 요인임을 주장[58]하였으며 여성일수

구"(석사학위논문, 한남대 대학원, 2000)

김신곤, "노인학대에 대한 관련요인분석"(석사학위논문, 서울대 보건대학원, 2001)

노영임, "노인학대 실태조사 연구"(석사학위논문, 대구카톨릭대 대학원, 2002) 정재욱, "노인학대에 영향을 미치는 노인 및 동거자녀관련 요인에 관한 연구"(석사학위논문, 대구대 대학원, 2002).

[57] M. M. Talbott, "The Negative Side of the Relationship between Older Widow and their Adult Child. The Mother's Perspective" *The Gerontologist*, 30(5) (1990), pp.595-603. V. R. Wiehe, *Understanding Family Violence: Treating and Preventing Partner, Child, and Elder Abuse*(Sage Pub., 1998).

R. S. Wolf and D. Li, "Factors Affecting the Rate of Elder Abuse Reporting to a State Protective Services Program" *The Gerontologist*(1999), 39(2), pp.222-228.

[58] J. Crichton Susan, "Elder Abuse: A Feminist Perspective"(Ph. D.

록 사회적 고립과 소외에 의한 학대를 받는다는 것을 보고하고 있다. 이성희·한은주의 연구에서도 여성노인일수록 학대에 노출될 가능성이 많다는 것이 연구됐다.[59] 이연호의 연구에서도 학대피해노인 중 여성노인이 79.4%로 남성노인보다 많았으며,[60] 한은주의 연구에서도 학대경험노인 중 여성노인이 77.8%였다.[61]

그러나 미경찰에서 관리하는 폭행 피해자노인 21,315명의 성을 조사한 결과 여성노인보다 남성노인의 수가 훨씬 많아 전체 학대피해자 중 남성노인이 60%를 차지하는 상반된 연구결과도 나와 있다.[62]

선행연구의 대부분은 학대받는 노인 대상자의 경우 대부분 고령 여성노인이 더 많이 학대를 받는 것으로 나타났다. 평균수명이 남성보다 길어 남편을 사별하고 홀로 10여 년 이상을 살아가야 하는 여성노인들은 신체적, 지적, 경제적, 사회적 능력이 제한됨으로써 더욱 학대의 대상이 될 수 있다고 본다.

(2) 연 령

노인의 연령이 높을수록 배우자나 자녀에 대한 의존성이 높아지기 때문에 학대의 가능성이 있다. Bouter와 그의 동료학자들은 1,797명의 노인들을 대상으로 한 연구에서 높은 연령이 주요 노인학대를 유발하

Dissertation, University of Manitoba, 1998), pp.59-60.

B. Bond John, Jr et. al., "Elder Abuse: Feminist and Against Perspectives", 「Journal of Elder Abuse and Neglect (1999)」, pp.121-123.

59) 이성희·한은주, "부양자의 노인학대경험과 관련요인", 「한국노년학회 18(3)」(1998), p.136.

60) 이연호, 전게서, p.119.

61) 한동희, 전게서, p.42.

62) Lawrence Dalpon Chu, "Homicide and Factors that Determine Fatality from Assault in the Elderly Population"(Ph. D. Dissertation, University California, Los Angels, 2001), p.81.

는 변수임을 밝혔으며[63] 또한 Dalpon Chu의 연구에서도 연령이 높을
수록 학대 가능성도 높아진다는 것을 밝혀졌다.[64] 또한 노인과 동거
중인 40 이상의 기혼남녀 200명을 대상으로 한 연구에서 고령일수록
노인학대에 노출될 가능성이 많다는 것이 연구됐다.[65] 서윤의 연구에
서도 학대피해 조사대상자 중 82%가 70대 이상이었으며[66] 이연호의
연구에서도 학대노인이 평균연령이 76.2세로 고령이었다.[67] 또한 노
영임의 학대실태조사연구에서도 학대경험노인 중 70세 이상이 90%로
학대피해노인의 연령이 매우 높게 나타났다.[68]

즉 연령이 많을수록 고령에 따른 여러 질병, 수입의 중단 등의 문
제로 의존성이 증가하기 때문에 학대가 수반된다고 본다.

(3) 유병 기간

치매노인의 유병 기간이 길수록 주부양자들은 치매질환에의 적응력
이 높아져 긍정적인 대처방식인 달래거나 예뻐하거나 등의 방법을 사
용할 가능성이 더 많으며 부정적 대처방법인 학대의 유발가능성이 거
의 없다[69]고 하는 연구결과도 나와 있으나 반면에 Steinmetz의 노인
을 부양하는 여성주부양자 104명을 대상으로 한 연구에서는 부양 기
간이 노인학대에 미치는 주요 변수임이 연구됐으며 부양 기간이 길면
길수록 노인학대도 증가한다는 것이 밝혀졌다.[70]

63) M. Bouter Lex et al, op. cit., p.55.
64) Lawrence Dalpon Chu, op. cit., p.16.
65) 이성희·한은주, 전게서, p.136.
66) 서윤, 전게서, p.164.
67) 이연호, 전게서, p.119.
68) 노영임, 전게서, p.20.
69) 김윤정·최해경, "치매노인부양자들의 대처방식과 대처효과에 대한 지
각", 「한국노년학회지 20(2)」(2000), p.184.

(4) 소유재산

Choi는 노인의 자녀에게서 경제적으로 독립할 수 없는 경제적 상황이 학대를 유발하는 요인임을 밝혔으며[71] 정재욱은 노인대상관련요인으로서 경제적 의존성이[72] 이연호도 개인적 요인으로서 노인의 경제상태가 노인학대의 요인임을 연구하였다.[73]

노인의 소유재산이 많을수록 자녀에게 경제적으로 독립되어 노인학대가 낮으며 자녀에게 경제적으로 의존할수록 학대는 높게 나타난다는 것이다.

(5) 건강상태

통계청 자료에 의하면 우리나라는 65세 이상 인구 중 33.5%에 달하는 90만 명 정도의 노인이 관절, 심장병 등 만성 퇴행성 질환으로 식사, 목욕, 병원이용 등 일상생활에서 제3자의 도움을 필요로 하고 있는데, 이러한 신체적, 생리적 건강쇠퇴와 더불어 치매질환으로 인한 인지장애는 역시 성인자녀 및 배우자와의 갈등을 심화시켜 정상적인 가족관계를 어렵게 하여 학대에 영향을 준다는 것을 알 수가 있다. Penhale는 노인의 특성 중 건강수준 등이 노인학대의 요인임을 밝혔으며[74] 미국 미아미 지역의 노인학대사례 319명을 대상으로 연구한 결과에서도 노인의 신체적 건강상태가 노인학대요인임을 밝혔다.[75]

---

70) K. S. Steinmetz, op. cit., pp.80-87.

71) G. Choi Namkee et al., "Financial Exploitation of Elders: Analysis of Risk Factors Based on County Adult Protective Services Data", *Journal of Elder Abuse and Neglect*, Vol.10(3/4)(1999), pp.54-55.

72) 정재욱, "노인학대에 영향을 미치는 노인 및 동거자녀 관련요인에 관한 연구"(석사학위 청구논문, 대구대 대학원, 2001), p.63.

73) 이연호, 전게서, pp.119-120.

74) Bridget Penhale, "Bruises On the Soul: Older Women, Domestic Violence, and Elder abuse" *Journal of Elder Abuse and Neglect*, *11(1)*(1999), pp.13-15.

한동희[76]는 학대받는 노인의 72.2%가 건강하지 못하다고 했으며 이
선이[77]의 연구에서도 질병이 없는 건강한 노인보다 질병이 있는 노
인들의 학대의 정도가 높게 나타났다. 이러한 연구들은 노인의 건강
상태가 노인학대의 요인임을 주장하고 있다.

2.4.1.2 주부양자의 특성과 노인학대

Pillemer와 Finkelhor는 46건의 학대사례를 연구한 결과 학대자의
특성이 학대피해자인 노인의 특성보다 더 강한 노인학대 예측요인임
을 발견하였다.[78] 학대가해자인 주부양자의 특성으로는 성, 연령, 종
교, 노인과의 관계, 수입, 교육연수, 질병유무, 치매발병 이전과 이후
의 관계 등이 연구됐다.

(1) 성

치매노인의 남편보다는 아내나 딸인 경우가 더 많은 우울을 경험하
여 정서적 학대를 많이 하는 것으로 보고되었고[79] 주부양자가 여성

---

75) D. Dunlop Birton et al, "Elder Abiuse: Risk Factors and use of case
   Data to Improve Policy and Pratice" *Journal of Elder Abuse and Neglect*,
   12(3/4)(2000), pp.108-112.

76) 한동희, "노인학대에 관한 연구"(박사학위청구논문, 대구효성카톨릭대
   대학원, 1996), pp.49-53.

77) 이선이, 전게서, p.67.

78) K. Pillemer, and D. Finkelhor, "Causes of Elder Abuse: Caregiver Stress
   versus problem relatives" *American Journal of Orthopsychiatry*, 59(1989),
   pp.179-187.

79) Ranney, Martha Jean, "Predictors of depression among husband, wife
   and daughter dementia caregivers"(Ph. D. Dissertation, University of
   Southern California, 2000), p.53.

인 경우는 방임 행위를 더 많이 하는 것으로 나타났다.[80] 반면에 문영숙의 60세 이상의 노인을 대상으로 한 연구에서는 남성이 여성보다 신체적 학대와 성적 학대를 많이 하는 것으로 나났다.[81] 195명의 여성노인을 대상으로 한 연구에서는 학대가해자가 90%가 남성으로서 장기간 동안 학대를 하였다[82]는 연구의 상반된 결과도 확인되었으며 서윤의 연구에서도 배우자와의 사별 이후 동거 성인 아들인 남성이 가장 많이 학대를 하는 것으로 나타났다.[83]

남성일수록 통제력부족에 의한 신체적 학대의 결과를 초래하였으며 학대피해 노인부부와 비학대노인부부 각 60쌍을 대상으로 한 연구에서는 학대가해자 90%가 남성이며 그중 배우자가 53%였다.[84]

여성의 경우 가정에서 주부로서 노인부양을 전담하므로 주로 학대가해자가 여성인 경우가 많은 것으로 보고되며[85] 정서적, 언어적, 방임 등의 형태의 학대를 많이 행하며 남성인 경우는 주로 신체적 학대를 가하는 것으로 나타났다.[86]

---

80) R. B. Miller and R. A. Dodder, "The abused: Elder abuse in the state of Florida. In Filinson, R. & Ingman, S. R.(eds.) Elder abuse: (New York: Human Sciences Press. 1989). pp.123-145.

81) 문영숙, "노인의 배우자 학대경험과 관련요인에 관한 연구"(대학원 석사학위청구논문, 한남대 대학원, 2000), p.64.

82) Dols, Jean Owling, "Prevalance of abuse and risk factors of Homicide in elder Women", Journal of Elder Abuse and Neglect, (1994), pp.63-65.

83) 서윤, 전게서, p.182.

84) S. B. Harris, "Spouse abuse in Elderly: Is it spouse abuse grown old"(Ph. D. Dissertation, Cornell University, 1994), pp.79-80.

85) K. Pillemer and J. J. Suitor, "Violence and violent feeling: What causes them among family caregivers?" Journal of Gentology, 47(1992), pp.165-175.

86) K. Pillemer and R. S. Wolf, "Elder abuse: Conflict in the Family", (New York: Auburn House, 1986), pp.134-144.

(2) 연 령

노인학대죄로 수감되어 있는 50세 이상의 죄수 109명을 대상으로 한 연구에서는 가해자 연령이 낮을수록 학대를 더 많이 한다는 것으로 밝혀졌다.[87] 또한 104명의 52세 이상의 결혼한 여성주부양자 104명을 대상으로 한 연구에서도 주부양자의 연령이 낮을수록 학대할 가능성이 많은 것으로 노인 주부양자의 연령이 학대요인임이 밝혀졌다.[88]

또한 이선이의 연구에서도 연령이 낮을수록 학대의 가능성이 더 높은 것으로 나타났다.[89] 반면에 노영임의 연구에서는 학대가해자가 50대 이상이 36.9%로 가해자 연령이 높게 나타났다.[90]

(3) 관 계

학대가해자의 성, 인종, 연령과 함께 학대피해노인과 학대가해자의 관계가 학대에 영향을 주는 요인으로 연구되었다.[91] 배우자 학대인 경우 가해자인 남성과의 물리적인 이혼과 사망으로 학대가 종료되었으며 가족변인으로서 노인과의 관계가 노인학대에 영향을 미친다는 것을 연구됐다.[92]

Bond, Penner와 Yellen은 중년의 아들이 가장 흔한 신체적 학대자들이었다는 것을 발견하였으며[93] Godkin, Wolf, 그리고 Pillemner은

87) John Johnson Kerbs, "Elder Abuse behind Bars: Risk Factors and Solution"(Ph. D. Dissertation, University of Michigan, 2001), pp.166-169.
88) K. S. Steinmetz op. cit., p.80.
89) 이선이, 전게서, p.42.
90) 노영임, 전게서, p.30.
91) Lawrence Dalpon Chu, op. cit., p.16.
92) K. S. Steinmetz, op. cit., pp.80-87.
93) J. B. Bond, R. L. Penner, Yellen, "Perceived effectiveness of Legislation concerning abuse of the Elderly", *Canadian Journal on Aging*, 14(1995),

그들 연구상의 학대자 중에서 가장 큰 비율이 아들(24%), 남편(38%)로 아들과 남편관계가 학대가해자로 가장 많았으며[94] Sharon도 배우자 관계일 때, 그리고 아들이 학대를 다른 관계보다 더 많이 하는 것으로 연구결과 확인하였다. 아들이나 남편관계에 있는 경우 노인이 학대에 노출될 수 있다는 연구는 남성이 여성보다 노인부양기술부족과 감정통제력 부족 등의 결과임을 시사하고 있다.

그러나 Miller와 Dodder는 대조적으로 노인학대의 가해자가 딸이며[95] Pierce와 Trotta는 딸이 대체로 주부양자이기 때문에 노인의 시간적 의존성이 높아 주부양자로 하여금 더 많은 학대를 한다고 보았으며 주로 아들이나 남편관계와는 달리 딸 관계는 방임적 학대가 많다는 것을 연구하였다.[96]

우리나라에 있어서 치매노인 주부양자의 치매노인과의 관계는 배우자, 아들, 며느리, 딸 등으로서 일반적으로 배우자가 생존하고 건강한 경우 주부양자가 되지만 그렇지 못한 경우에는 한국의 부모봉양책임의 장남이라는 원칙에도 하여 장남이나 맏며느리가 부양책임을 맡게 되는 경우가 많다.

한동희 연구에서는 며느리가 정서적 학대를 가장 많이 하며 아들인 경우는 방임을, 배우자인 경우는 경제적 학대를, 딸과 사위는 언어적 학대를 많이 하며 그 외의 신체적 학대 등을 복합적으로 경험한 노인이 많았다.[97]

---

pp.118-135.

94) M. Godkin, R. Wolf, K. Pillemer, op. cit., (1989), pp.207-225.

95) R. B. Miller, R. A. Dodder, *The abuse: Elder Abuse in the state Florida. Elder abuse: Practice and Policy.* (New York: Human Science Press, 1989), pp.166-179.

96) R. Pierce, R. Trotta, "Abused parrents: A hidden family problem", *Journal of Family Violence* 1, (1986), pp.99-100.

그리고 주부양자 24명을 심층면접한 결과 배우자 관계일 경우 가장 학대가 높은 것으로 나타났다.[98] 또한 이선이의 연구에서도 학대가해자가 전체 조사대상자 중 며느리인 경우가 74.5%였으며[99] 노영임의 연구에서도 성인자녀와의 동거 여부와 상관없이 며느리의 학대가 가장 많은 것으로 나타났다.[100]

반면에 배우자학대와 성인자녀에 의한 학대 각각 50케이스를 분석한 결과 관계가 노인학대에 영향을 미치지 않는 것으로 연구됐다.[101]

선행연구를 살펴본 결과 서양의 며느리의 부모부양책임이 없는 사회적 관습으로 인하여 주로 성인자녀(주로 딸)와 배우자 관계에 있는 학대를 연구한 결과들이 있으며 반면에 한국에는 아들의 부모부양책임에 의한 며느리의 주부양자 역할이 많은 관계로 며느리관계에 있는 학대연구가 많은 편이다.

(4) 수 입

Moon는 주부양자의 노인학대위험요인으로서 주부양자의 수입이 노인학대요인임을 연구, 확인하였다.[102] 또한 Penhale는 주부양자가 수입이 적거나 아예 없어 노인에게 의존할 때 재정적 학대와 폭력적 특성에 의해 신체적 학대를 유발한다고 보았다.[103]

---

97) 한동희, 전게서, 1996, p.45.

98) L. Curley Ann, "An Acessement of Burden, Control, nad Professional Support of the Caregivers of Abused Elders"(Ph. D. Dissertation, The State of New Jersey, 1996), pp.169-170.

99) 이선이, 전게서, p.42.

100) 노영임, 전게서, p.35.

101) B. Bond John Jr et al, op. cit. pp.121-123.

102) Ailee Moon et al, "Awarenessof Formal and Informal Sources of Help for Victims of Elder Abuse Among Korean American and Caucasian Elders in Los Angeles" Journal of Elder Abuse and Neglect, 11(3), 1999, pp.18-20.

서윤의 연구에서는 학대피해노인과 동거하는 성인자녀인 경우 아들
의 경제적 상황이 악화될수록 학대가 증가하는 것으로 나타나 주부양
자의 경제적 여건이 학대요인임을 밝혔다.104) 또한 이선이, 문영숙의
연구에서도 주부양자의 수입이 낮을수록 학대가 높아진다는 연구결과
가 나와 주부양자의 수입수준이 학대의 요인임이 확인되었다.105)

(5) 교육연수

Harris의 연구에서는 가해자로서 주부양자의 교육수준이 노인학대 주
요 변인임을 주거환경, 수입, 폭력적 자세, 우울증 등의 특성과 함께
확인하였다.106) 주부양자의 교육수준이 치매노인학대영향을 미친다는
연구는 이선이가 부양자관련요인으로서 주부양자의 교육수준이 주요
변인임을 확인하였다.107)

즉 주부양자의 교육수준이 낮을수록 학대할 가능성이 많다는 것이다.

(6) 질병유무

주부양자의 신체적, 정신적 질환, 그리고 정서적 불안과 우울증세·
질병유무 등은 노인학대 유발요인임을 Lawrence와 Harris는 확인하였
다.108) 그러나 이선이의 연구에서는 노인의 주부양자의 건강수준이 노
인학대에 영향을 미치지 않는 상반된 결과가 연구됐다.109)

103) Bridget Penhale, op. cit, 1999, pp.13-14.
104) 서윤, 전게서, p.178.
105) 이선이, 전게서, p.61.
106) S. B. Harris, "Spouse Abuse in Elderly: Is it spouse abuse grown
    old"(Ph. D. Dissertation, Cornell University, 1994), p.74.
107) 이선이, 전게서, p.42.
108) B. Schimberg Lawrence, op. cit., pp.49-55.
    S. B. Harris, op. cit. pp.77-80.

(7) 치매발병 이전과 이후의 관계상의 질

주로 학대받는 노인의 경우 주부양자와의 과거의 질적인 관계가 현재의 학대에 영향을 미치는 것으로 나타났다. 65세 이상의 학대경험 노인 54명을 대상으로 한 연구에서 학대받는 노인과 가해자들은 과거 노인과 주부양자의 관계의 질이 낮을수록 현재의 학대가 높아짐이 확인되었다.110) 치매노인을 돌보는 주부양자가 배우자인 경우에서도 과거의 관계적 수준이 현재까지의 부부간의 친밀도(marital closeness)에 영향을 미쳐 주부양자의 생활만족도를 결정짓는 중요한 요인으로 확인되어 질환배우자의 보호 시 긍정적인 보호방법이 사용될 가능성이 많다고 하였으며.111) 치매노인이 엄마인 경우 딸과의 과거 관계의 질이 부양부담에 중요한 변수인 것으로 나타나 질병 이전의 노인과의 관계가 좋을수록 학대는 낮아진다는 것을 발견하였다.112) 특히 며느리들은 특히 치매노인이 시어머니인 경우 과거의 치매발병 이전의 치매노인에게 가졌던 부정적인 경험이 있을 경우 학대할 가능성이 높아지므로 치매노인과 며느리와의 질병 이전의 관계가 현재의 관계에 강력하게 영향을 미치며 이러한 관계수준이 노인학대요인으로 나타났다.113)

그리고 노인과 학대가해자의 관계의 질이 학대에 미치는 영향을 미

109) 이선이, 전게서, p.62.

110) 한동희, "노인학대에 관한 연구"(박사학위청구논문, 대구효성가톨릭대 대학원), 1996. p.40.

111) D. G. Marie, "The relationship between marital closeness and attitude toward caregiving in spouse caregivers of persons with dementia"(Ph. D. Dissertation, California State University, Long Beach, 1998), pp.39.

112) K. Coletti, "Adult daughters caring for their elderly mothers with dementia: Impact of prior relationship on caregiver burden"(Masteral. thesis, Adelphi University, School of Social Work, 1997), pp.80.

113) N. D. Moss Peter, M. S. Davis and R. A., Pruchno, "Children in law in caregiving Families" The Gerontologist, 39(1) (1999), pp.66-74.

치는 연구에서도 노인과의 과거 친밀한 관계적 수준이 노인학대를 유
발하는 중요한 요인임을 밝혔으며 과거 노인과 주부양자가 친밀했던
관계일수록 학대가 낮아진다는 것을 발견하였다.114) 또한 치매노인
주부양자와 치매노인과의 과거 질적 관계수준이 주부양자의 대처방법
에 유의한 영향을 미치며 과거의 좋지 못한 관계일수록 치매노인의
문제행동 시 부정적으로 대처하여 노인학대를 증가시킨다는115) 등의
선행연구결과들이 있다.

즉 선행연구를 살펴본 결과 과거에 좋지 못했던 세대 간의 관계는
현재의 친밀한 가족유대를 어렵게 하여 노인학대를 유발하게 하는 요
인이 되며 또한 현재의 세대 간의 낮은 관계의 질이 미래의 잠재적인
노인학대요인임을 시사하고 있다.

2.4.2 부양부담과 노인학대

학자들에 따라 부양부담의 개념은 매우 다양하게 정의되고 있다.
치매노인의 가족을 대상으로 스트레스와 관련한 연구에서는 '치매노
인의 행동이나 기능 등의 변화 및 사건과 관련하여 부양자가 경험하
게 되는 정서적 안녕, 신체적 건강, 사회생활, 재정상의 어려움과 불
편감 그리고 생활상의 변화 등을 부양부담으로 정의하고 있으며 노인

---

114) K. Pillemer, D. Finkelhor, "The Prevalence of Elder Abuse" *The Geronto-logist*, 28(1)(1998), pp.51-57.

115) Mantell, Robert Alan, "Family caregivers of the elderly: The relationship between dementia caregiver berden, caregiver depression and beliefs about caregiving"(Ph. D. Dissertation, University of Minnesota, 2000), p.117. Hoolley, Marie Theresa Shea, "The relationship between caregiver stress, social support and well-being"(Ph. D. Dissertation, University of Maryland college park, 2000), pp.166-169.

부양의 결과로 나타나는 부양자의 우울증, 화, 불안, 신체적 건강의 악화, 부양 역할의 포기 등의 형태로 유발하게 하는 것'이라고 부양부담을 정의하고 있다.116) 그리고 Vitaliano와 그의 동료학자들은 치매노인의 부양부담을 '가족 및 사회생활의 제한, 부양자의 정서적 반응, 노인의 행동과 관련된 차원으로 구분하여 각기 경험하는 어려운 문제로 개념화하면서 부양의 결과로서 나타나는 신체적, 심리적, 정서적, 사회적, 재정적 문제들'이라고 규정하였다.117)

최근의 치매노인 관련 부양부담관련 연구에서 학자들에 의해 자주 적용되고 있는 것은 다차원적 부양부담을 주장한 Novak과 Guest의 부양부담의 개념을 많이 사용하고 있다. Novak과 Guest는 부양부담을 '신체적, 심리적, 사회적, 재정적인 문제를 포괄하는 다차원적인 개념'이라고 정의하였으며 더 세분화해서 치매노인을 부양하는 주부양자의 부양부담의 차원을 부양자의 부담은 시간-의존적 부양부담, 신체적 부양부담, 사회적 부양부담, 정서적 부양부담, 그리고 발달상의 부양부담 다섯 가지로 분류하여 개념화였다.118)

노인부양부담의 다섯 가지 차원에 대하여 설명하면 다음과 같다.

첫째, 시간-의존적 부양부담은 부양자가 부양활동으로 인한 시간상의 제약을 의미한다. 특히 치매노인인 경우 심각한 인지장애행동과 정신증상적 행동장애가 있기 때문에 거의 24시간의 부양시간을 요구한다. 이러한 과도한 부양은 주부양자로 하여금 자신활동의 극도한

---

116) S. H., Zarit and J. M. Zarit, "Dementia and the family; A stress management approach" *Clinical Psychology 39*(1986), pp.103-105.

117) P. Vitaliano, M. Y. Heather, R. Joan, "Burden: A reviewof Measure used among Caregivers Individual with Dementia" *The Gerontologist. 31(1)*(1991), pp.67-75.

118) M. Novak and C. Guest, "Application of a Multidimentional Caregiver Burden Inventory" *The Gerontologist*, 29(6)(1989). pp.798-803.

제한을 받는다.

둘째, 신체적 부양부담은 치매노인을 전적으로 돌봄으로써 나타나는 신체적 피로를 강하게 경험하는 것을 말한다. 특히 치매환자의 증상 중 야간에 집안을 배회하거나 잠을 자지 못하는 경우는 충분한 수면을 취할 수 없어 피로가 가중되어 스트레스성 질환에 노출될 가능성이 많으며 정서적 안녕감을 해친다.

셋째, 사회적 부양부담은 갑작스런 치매환자의 주부양자로서의 역할수행에 대한 부양부담으로 가족성원 간의 관계, 직장 및 지인들과의 긍정적인 관계를 유지하기가 어려워지는 것을 말한다. 이러한 치매노인보호로 인한 부양부담은 부정적 방법으로 불편감과 분노감 등을 표현한다.

넷째, 정서적 부양부담은 주부양자의 심리적인 안녕상태가 불안해지는 것을 의미한다. 치매노인을 보호하면서 우울감, 좌절감, 분노감, 자존감의 저하, 무력감 등 여러 가지 감정을 경험하게 된다.

다섯째, 발달단계상의 부담은 주부양자의 생애주기에 적합한 활동의 제한을 받는 것을 의미한다. 즉 치매노인보호로 인한 신체적, 시간적, 정신적 제약으로 주부양자 자신의 나이에 적합한 활동을 못하게 되면서 가질 수 있는 부양부담을 말한다. 예를 들어 여행을 간다든지 동창회에 간다든지 기타 친구 등을 만날 수 없다든지 등 참여적 활동을 할 수 없는 것에서 오는 부양부담 스트레스이다

따라서 본 연구에서는 Novak과 Guest의 다차원적 부양부담에 기초하여 '부양부담은 의존적인 노인을 부양하는 데 들어가는 치매노인의 시간적 의존부담, 신체적, 사회적, 정서적, 기타 발달상의 부담으로 신체적 약화, 사회적 활동의 제한, 개인적 생활의 제한, 경제적 비용, 보호제공에 대한 가치, 노인과의 관계상의 스트레스, 그리고 정신신체적

인 애로 등을 초래하는 것'으로 정의할 수가 있겠다.

치매노인부양자의 건강행위에 영향을 미치는 요인을 구조방정식 모형을 이용하여 예측한 연구에서 주부양자가 지각하는 인식한 부양부담이 높을수록, 그리고 우울증상이 많을수록 주부양자의 분노표출, 수면양상, 체중유지, 흡연, 그리고 알코올섭취 등에 많은 영향을 주며 부정적 분노표출방법으로 노인보호를 한다는 것을 밝혀 노인학대 가능성을 시사하였다.[119]

Korbin과 그의 동료는 주부양자의 과중한 부양부담 스트레스가 주부양자의 이성적 통제를 불가능하게 하여 학대를 유발하며 이러한 경우 신체적 학대를 유발할 가능성이 많다고 보았다.[120] 재가노인을 대상으로 한 학대경험 노인 59명, 학대비경험 노인 49명을 비교연구한 결과 주부양자의 노인부양부담 스트레스가 주요 노인학대요인으로 예측되었다.[121]

또한 Wright와 그의 동료학자들은 부양부담은 여러 복합적인 요인에 의해 영향을 받으며 주부양자의 부양부담 스트레스는 신체적 면역체계(immune system)에 영향을 주어 건강과 안녕상태의 문제를 초래하게 되어 치매노인에게 학대를 유발한다고 보았다.[122] Chen과 그의 동료학자들은 주부양자의 과중한 부양부담으로 인한 스트레스가 가족

119) P. Mary, Gallant and M. Connell Cathleen, "The stress process among dementia spouse caregivers" *The Gerontologist*, 20(3), (1998), pp.267-297.

120) Korbin et al, "Elder abuse and Child Abuse" *Journal of Elder abuse and Neglect*, vol.1(4)(1989), pp.1-14.

121) M. A. Godkin, R. S. Wolf, and K. A. Pillmer, "Case Comparison analysis of Elder abuse and Neglect" *International Jounal of Aging and Human Development*, vol.28(1989), pp.232-236.

122) L. K. Wright, E. C. Clipp and L. K. George, "Health consequence of caregiver stress" *Medical Exercise and Nutritional Health* 2(1993), pp.181-195.

스트레스를 발생하여 주부양자는 물론 가족 전체가 노인학대를 하게 하는 요인임을 밝혀 노인학대의 가정 내에서의 확대현상을 지적하였다.[123] 그리고 Harris의 학대노인부부와 비학대노인부부 각 60쌍을 대상으로 연구에서는 주부양자의 부양부담 스트레스가 부부불일치성과 세대 간의 폭력 등의 변수와 함께 노인학대요인으로 밝혀졌다.[124] 또한 Beck and Ferguson는 성인자녀가 노인을 부양하는 데서 오는 강력한 부양부담 스트레스와 부양경비부담을 학대요인으로 보았다.[125]

그리고 Penhale의 학대경험노인 6명을 대상으로 심층면접을 통한 질적 연구에서는 주부양자의 부양압박감과 부양부담 스트레스가 노인학대요인으로 밝혀졌으며[126] Lawrence의 연구에서도 주부양자의 과도한 부양부담 스트레스로 인한 우울증과 무기력감으로 인한 정서적 학대와 통제감의 상실로 인한 신체적 학대를 유발한다고 하였으며 주부양자의 역의존성으로 노인재산을 갈취하는 재정적 학대를 유발하고 재정적 욕구 불충족 시 노인을 구타하거나 위협적인 언어사용, 무시하는 등 여러 가지 학대를 중복적으로 유발시킨다고 보았다. 특히 치매노인을 대상으로 부양할 때 가장 많은 부양스트레스를 유발하여 학대에 이르게 하며 이는 주부양자의 부양케어기술 부족과 정서적 불안증세 및 정신질환이 있을 경우 가해할 가능성이 가장 높다는 연구가 보고됐다.[127]

또한 1999년 미국 오하이 주의 성인보호센터 신고된 사례를 중심으

123) Chen et. al. op. cit. pp.230-249.

124) S. B. Harris, op. cit. pp.75-79.

125) C. M. Beck and D. Ferguson, "Aged Abuse" *Journal of Gerontological Nursing, 7(6)*1981. pp.333-336.

126) Bridget Penhale, op. cit. pp.13-15.

127) B .Schiamberg Lawrence, op. cit. pp.79-97.

로 심층분석한 결과 학대지표의 문제와 가해자 잠재적 학대지표 개발
의 문제가 지적되어 정확한 학대사정을 위한 도구의 마련 촉구와 함
께 주부양자의 부양부담이 노인학대의 결정적 요인임을 예측됐으
며128) 자녀가 있는 기혼여성 주부양자 104명을 대상으로 한 연구에
서는 주부양자에 대한 세대별 과잉 욕구가 부양부담을 가중시켜 노인
학대를 유발한다는 연구결과가 나왔다.129)

그리고 치매노인의 부양부담 관련요인을 확인하기 위하여 지역사회
에 거주하는 치매노인 주부양자 84명을 대상으로 한 연구130)에서는
부양자의 좋지 않은 건강상태, 치매노인의 문제행동, 그리고 이에 대
한 부양자의 반응 등이 부양부담과 매우 관련이 있는 것으로 나타나
부양자의 건강과 치매노인의 문제행동에 대한 중재가 이루어지지 않
으면 과도한 부양부담 스트레스가 유발되어 주부양자의 부정적 스트
레스 표출방법으로서의 치매노인의 학대 노출 가능성을 연구하였다.
특히 알츠하이머형 치매노인을 돌보는 가족 주부양자 114명을 대상으
로 예측모형을 설명한 연구에서는 주부양자의 우울에 영향을 주는 변
수들로 확인된 노인의 기능상태, 정신질환, 사회적 지지, 신체적 건강
상태, 그리고 부양부담감으로 나타났다. 이 중 부양부담감이 주부양자
의 우울에 가장 중요한 매개 변인으로 작용하여 치매노인학대에 직접
적으로 영향을 준다고 보고되었다.131)

---

128) J. Anetzberger Georgia, "Elder abuse Identjfication and Referral: the
    Importance of Screening Tools and Referral Protocols" *Journal of Elder
    abuse and Neglect, vol.13(2)*(2001), pp.3-17.

129) John Johnson Kerbs, "Elder Abuse behind Bars: RIsk Fators and
    Solution"(Ph. D. Dissertation, University of Michigan, 2001), pp.166-169.

130) Rachel Z. Goodman, "Correlates of caregiver stress in caregivers of
    Alzheimer's disease and related disorders patients"(Ph. D. Dissertation,
    St. John's University, 2000), p.82.

특히 학대경험노인 시설노인, 노인단독가구거주노인, 자녀동거노인 중 학대경험이 있는 12명을 대상으로 생애적 질적 연구를 실시한 결과 질병으로 인한 신체적 의존성이 부양부담의 요인이며 이러한 부양부담 노인학대의 중요한 매개 변인임을 확인하였다.[132] 치매노인이 지각하는 가족의 부담감은 문화적인 차이를 가지고 있는 것으로 나타났다.[133] 한국과 미국의 치매노인 가족의 부양부담을 비교한 결과, 한국인은 확대가족의 도움을 많이 활용하는 반면 미국인은 공적 서비스를 많이 이용하는 것으로 나타났다. 또한 한국인의 높은 자녀책임감과 확대가족의 도움은 부양부담을 줄이는 중요한 요인으로 확인되었으며, 미국인들은 높은 공적 서비스 활용과 부모부양에서 느끼는 기쁨과 위안이 부양부담을 낮추어 주는 중요한 요인인 것으로 보고하고 있다.

한동희의 65세 이상의 학대경험이 있는 노인을 대상으로 한 연구에서 부양자의 부양부담 스트레스가 주부양자의 자녀와의 관계의 질, 경제적 무능력, 자아존중감 노인의 동거자녀와의 결속력 등과 함께 학대를 유발하는 주요 요인임이 연구됐다.[134] 전길양과 송현애의 성인남녀 391명, 노인 160명을 대상으로 한 노인홀대 연구에서 부양부담 스트레스가 높을수록, 부모와 함께 동거할수록, 부양자의 가족관계 만족도가 낮을수록, 신체적 학대, 심리적 학대, 방임을 유발한다는 것

131) Dylan Galen, Harwood, "Caregiver appraisal and psychological well-being associated with patient behavioral disturances, functional status, and cognitive impairment in Alzheimer's disease"(Ph. D. Dissertation, University of Miami, 1999), pp.98-99.

132) 송영민, 전게서, pp.149-155.

133) 이윤로, "치매노인 가족부양부담의 한·미 비교연구", 한국노년학 19(1), 1999, pp.45-59.

134) 한동희, 전게서, p.41.

이 밝혀져 노인보호의 과중한 부양부담 스트레스가 노인학대의 요인
임을 예측하였다.135) 또한 이성희와 한은주의 노인과 동거 중인 40세
이상의 기혼 남녀 200명을 대상으로 한 연구에서도 부양자의 부양스
트레스가 노인의 질병에 의한 의존성과 함께 노인학대 주요 요인임이
밝혀졌다.136) 문영숙의 연구에서도 부양스트레스가 학대의 다세대전
이, 인지손상능력수준 등과 함께 노인학대 주요 요인임이 연구됐
다.137) 그리고 서윤의 연구에서도 부양자의 부양스트레스가 가족의
무관심, 부양자의 경제적 문제와 함께 노인학대 주요 요인임이 밝혀
졌다.138) 이가옥과 이미진의 장기요양보호 노인의 주수발자 540명을
대상으로 한 공동연구에서도 주수발자의 정서적 부양부담이 심각하면
할수록 노인수발의 질이 저하되며 주수발자의 상태가 악화되어 극단
적으로 노인학대를 유발하거나 가족해체까지도 발생한다는 것을 지적
하고 있다.139)

위의 외국이나 한국의 선행연구에서 살펴보았듯이 치매노인의 주부
양자의 과도한 부양부담이 노인학대를 유발하는 주요 변수임을 알 수
있다.

치매노인의 경우에는 정상적 노화과정에서 나타나는 신체 및 정신
기능의 저하는 물론 또 다른 신체질환에 이환될 가능성이 매우 높고
인지장애와 정신증상에 의한 행동장애를 동시에 가지기 때문에 정상

---

135) 전길양·송현애, 「노인 홀대에 관한 연구: 학대와 방임에 대한 인식
    및 경험을 중심으로", 「가족폭력에 관한 프로그램 개발 연구」 (한국가
    족상담교육단체협의회, 1997), p.69.
136) 이성희·한은주, 전게서, pp.123-141.
137) 문영숙, 전게서, p.66.
138) 서윤, 전게서, p.183.
139) 이가옥·이미진, 전게서, p.224.

적인 노화과정을 경험하는 노인들보다 더 많은 원조를 필요로 하며 지속적인 보호와 지원을 필요로 한다.

이에 치매노인부양자들은 신체적, 인지적 장애가 있는 노인을 부양할 때 가족 내 또 다른 과업을 동시에 수행해야 하므로 주부양자의 부양부담은 과중되어 부정적 방법인 학대라는 방법으로 높은 부양부담을 대처할 가능성이 많다는 것을 알 수가 있다.

2.4.3 사회적 지지와 치매노인학대

사회적 지지가 사회사업실천에서 문제해결을 위한 개입방법으로서 유용한 도구로 사용하는 근거는 '모든 인간의 상황 속의 인간'이라는 환경적 관점에서 비롯된 것이다.[140] Beekman는 '사회적 지지망에 의해 제공되는 사회적, 심리적, 물질적 도움을 말하며 사회적 지지망, 사회적 통합, 상호 호혜적인 특성을 지니는 복합적이고 다차원적인 개념으로서 스트레스 발생을 예방 혹은 경감시키고 인간의 기본적인 욕구인 사회적 욕구를 충족시켜 줌으로써 건강 자체를 증진시키며, 스트레스의 강도를 완충시키는 작용을 하여 건강에 좋은 영향을 주는 것'으로 사회적 지지를 정의하였다.[141] 김윤정·최혜경은 치매노인을 돌보는 가족의 스트레스 정도는 사회적 칭찬이나 보상으로 낮아지며, 치매노인을 돌보는 가족원에 대한 배우자 및 가족성원들의 지지를 비롯하여 이웃, 친구, 지역사회의 지지는 치매노인을 돌보는 스트레스 정도에 부정적인 영향을 감소시켜 만족감을 줄 수 있는 것으로 정의

---

140) 이경남, 전게서, p.43.
141) Nancy R. Beekman, "Family caregiving, dimentia and social support" (Ph. D. Dissertation, The University of Michigan, 1999), pp.5-17.

하고 있다.[142]

따라서 치매노인부양으로 인한 여러 가지 문제는 치매노인을 돌보는 주부양자의 가족의 지지, 친구 및 지역사회 지지 등을 통한 치매노인을 돌보는 주부양자 및 가족은 실제적인 도움, 도구적 지지, 정서적인 지지, 정보적 지지 등의 형태의 지지욕구가 발생하게 된다. 이러한 욕구 충족 시에는 개인의 심리적 적응이 향상되고 문제 해결능력이 강화됨으로써 정신적 안녕감을 높여 주므로[143] 노인학대를 경감 및 예방을 줄일 수 있기 때문에 중요한 요인 중의 하나이다. 즉 도구적 지지는 부양에 드는 물품과 경비를 지원해 주거나 수발에 편리하도록 집안구조를 변경해 주거나 병원 가는 차량을 지원해 주고 실제 노인보호에 2차적 부양 역할해 주는 등을 말한다. 정서적 지지는 사랑, 돌봄, 이해, 수용, 격려, 존경 등을 통해 친밀감과 사랑, 그리고 신뢰감을 가지게 하는 지지를 말한다. 정보적 지지는 치매노인을 효율적으로 돌볼 수 있도록 정보와 지식을 제공하는 등의 지지를 말한다. 문제해결을 잘할 수 있도록 방안을 제시하며 문제해결과 관련된 직접적인 정보를 제공한다.

본 연구에서는 지지제공자를 가족, 친구, 그리고 기타 지역사회를 포함한 중요 사람 등으로 분류하여 사회적 지지의 양과 질적인 측면을 고려하여 도구적 지지, 정서적 지지, 정보적 지지 등으로 접근하여 조사한 Cohen과 Syme[144]의 사회적 지지척도에 기초하여 사회적 지

---

142) 김윤정·최혜경, "치매노인의 장애기간과 부양자의 대처자원이 부양자의 부담 및 부양 만족감에 미치는 영향", 한국노년학, 13(2), 1993, pp.63-83.

143) Domico, Virignia Dare, "The impact of social support and meaning and purpose in life on quality of life of spousal caregivers of persons with dementia"(DSN, University of Alabama At Birmingham, 1997), pp.99-123.

144) S. Cohen, S. L. Syme, op. cit., pp.185-186.

지를 '가족이나 친구 및 지역사회 등이 주부양자로 하여금 사회적 고
립이나 소외에서 벗어날 수 있도록 원조해 주는 사회적 지지망이다'
라고 정의할 수 있겠다.

Godkin, Wolf, 그리고 Pillmer는 노인학대의 경험노인과 비경험노인
과의 사례비교연구를 통해 노인과 주부양자의 사회적 고립이 노인학
대 주요 요인임을 밝혔다.[145] 또한 성인보호센터(APS)에 보고된 학
대경험 노인 386명을 대상으로 노인학대요인을 연구한 결과 주부양자
와 노인에 대한 사회적 지지 수준이 학대에 영향을 미치는 주요 요인
임이 확인되었다. 특히 주부양자의 이웃과의 단절 및 사회적 혜택에
서의 제외 등이 노인학대가해자로서의 특성으로 연구됐다.[146]

학대경험노인 6명을 대상으로 심층면접을 한 연구결과에서도 노인
및 가족의 사회적 고립과 단절이 심할수록 학대가 높게 나타나 사회
적 지지가 주요 학대요인임이 밝혀졌다.[147] 또한 Lawrence는 노인학
대가해자들의 특성으로 정보미숙과 가족의 폐쇄성에 의한 사회적 지
지 단절이 노인학대의 요인임을 밝혔으며[148] Ailee Moon과 그의 동
료학자의 캘리포니아 거주 한국계 미국인 노인 95명, 순수 백인노인
90명을 대상으로 조사한 연구에서는 노인 주부양자의 사회적 활동에
의한 공식적, 비공식적 자원 활용수준이 학대에 영향을 미치며 또한
노인의 사회적 클럽활동수준이 높을수록 학대가 낮게 나타난다는 것
이 연구됐다.[149]

---

145) M. A. Godkin, R. S. Wolf, and K. A. Pillmer, op. cit, pp.207-113.

146) G, Choi Namkee, Deborah B. Kulick, and James Mayer, "Fiancial Exploitation of Elders: Analysis of Risk Factors Based on County Adult Protective Services Data" *Journal of Elder Abuse& Neglect*, *10(3/4)*, (1999), pp.54-58.

147) Bridget Penhale, op. cit, pp.1-20.

148) B. Schiamberg Lawrence, op. cit, pp.49-55.

또한 미국 미아미 지역의 노인학대경험 노인 319명을 대상으로 한 연구에서도 주부양자인 가해자의 특성으로 의존성, 폭력적 특성, 그리고 사회적 고립이 노인학대요인임이 밝혀졌다. 즉 노인주부양자가 사회적으로 고립 및 소외되었을 때 학대가 높게 나타나 사회적 지지가 노인학대의 요인으로 확인되었다.150) 1996년 Ann의 노인 주부양자 24명을 대상으로 한 심층연구에서도 노인학대 위험요인은 이웃과 친지들과의 마찰 및 접촉의 부족, 가족지지부족, 전문가 지지의 부족, 케어서어비스의 제공의 중단 등 주부양자에게 주어지는 사회적 지지가 노인학대요인으로 밝혀졌다.151)

특히 알츠하이머형 치매를 가진 노인들의 부양가족 107명을 대상으로 한 연구에서도 타인과의 유대관계를 많이 가지고 있는 부양자는 스트레스나 부양부담이 더 낮고 삶의 만족은 더 높은 것으로 나타났으며 이러한 요인이 학대변인으로서의 강력한 효과를 가지고 있는 것으로 보고되었다.152) 또한 치매노인을 돌보는 주부양자 역할을 담당하는 배우자 104명을 대상으로 사회적 지지와 관련한 연구결과에서도 주부양자의 욕구에 적합한 사회적 지지는 주부양자가 가지고 있는 삶의 목표와 함께 삶의 질의 향상시키는 중요한 예측인자로 확인되었으며 또한 적합한 사회적 지지는 치매노인부양시 긍정적인 방법으로 대처하게 하는 요인임으로 밝혀졌다.153)

149) Ailee Moon, et al, op. cit, pp.18-20.

150) D. Dunlop Birton, et al, "Elder Abiuse: Risk Factors and use of case Data to Improve Policy and Pratice" *Journal of Elder Abuse & Neglect*, *12(3/4)*, 2000, pp.18-20.

151) L. Curley Ann, op. cit, pp.169-175.

152) J. Acton Gayle, "Affiliated-individuation as a mediator of burden in caregivers of adults with dementia" *Journal of Holistic Nursing* 15(4), (1997), pp.336-357.

한은주의 자녀와 동거 중인 60세 이상의 노인을 대상으로 한 연구에서는 가족적 특성변인으로서 동거하고 자녀와 그 외 자녀와 관련된 것으로 동거자녀로서의 노인 주부양자가 비동거자녀와의 결속력이 노인학대에 영향을 미친다는 것을 연구하였다. 즉 비동거자녀인 친지는 주부양자에게 부양에 따른 부양부담감을 부분적으로 해소시켜 줄 수 있는 중요한 자원이기도 하며 가장 큰 부양부담 스트레스를 유발하게 하는 요인이 된다고 주장하여 친족의 사회적 지지가 노인학대의 예측요인으로 밝혔다.154) 능동적 관계망인 주부양자가 노인을 부양할 때 도움을 청할 수 있는 가족원 및 지원망 또는 부양자가 일정 기간 쉴 수 있는 시간을 가지고 있지 않다면, 부양에 따른 부담감이 높아지고 이는 학대 또는 비효과적인 대처방법에 의한 또 다른 문제를 일으키는 원인이 된다.155) 치매노인 주부양자가 인식하는 부양부담과 만족을 함께 조사한 연구156)에서 사회적 지지는 두 가지 모두에 통계적으로 유의한 관계가 있는 것으로 나타났으며, 특히 만족도보다는 부담감과 부적인 상관관계가 높아 44%의 설명력을 갖는 변수로 확인되었다.

그러나 이러한 치매노인 주부양자를 대상으로 한 사회적 지지의 제공이 꼭 긍정적인 결과를 초래하여 치매노인학대를 경감 및 예방되는

---

153) Domico, Virignia Dare, op. cit, p.147.

154) 한은주, 전게서, p.41.

155) M. S. Lachs, C. Williams, S. OBrien, L. Hurst, and R. Horwitz "Risk factors for reported elder abuse and neglet : A nine-year observational cohort study" *The Gerontologist*, 37(4)(1997), pp.469-474.
T. Sodei, "How to prevent elder abuse caused by the heavey burden of family caregiving", 서울국제노년학대회 특별후원심포지움 21세기 노인부양과 여성노인의 문제 1999, pp.10-30.

156) Son, Gwi-Ryung, "The predictors of burden and satisfaction among Korean caregivers of elders with dementia"(Ph. D. Dissertation, Case Western Reserve University, 1988), pp.174-175.

것은 아니다.

즉 사회적 지지의 시간적 부적절성, 지지수준의 부적합성, 지지제공 시 주부양자의 부정적 경험, 그리고 지지 이후에도 변함없는 노인부양의 책임성 불변에 대한 압박감등의 문제로 사회적 지지의 부정적 효과를 초래하여 치매노인학대를 유발하는 요인이 될 수도 있다.

첫째, 사회적 지지에서 가장 고려해야 될 것은 지지제공 시의 적절성이다.[157] 심각한 인지적 장애를 지닌 치매노인을 돌보는 주부양자를 대상으로 한 사회적 지지의 경우 치매질환행동유형과 주부양자의 상황에 적합한 지지적 서비스가 제공되어야 한다. 갑작스런 치매노인 부양 초기에서 중기 등 주부양자의 적응수준파악과 욕구사정에 따른 지지가 있을 때만이 긍정적 효과가 있을 것이다. 예를 들어 주부양자의 상황에 따라 도구적 지지, 정서적 지지, 사회적 지지 중에서 치매노인주부양자에게 적합한 지지를 제공하여야 한다. 부양상황에 가장 적절한 지지의 유형이 제공되지 못할 때 도리어 주부양자를 불쾌하게 만들 수 있다.

즉 치매노인 발병으로 인한 갑작스런 주부양자 역할로 당황하는 주부양자들에게는 초기에는 현실을 수용할 수 있는 원조하는 정서적 지지가 적합하며 질병이 진전된 경우는 적절한 보호를 위한 정보와 지식, 지역사회자원을 연결해 주는 정보적 지지가 필요하다.[158]

둘째, 사회적 지지 정도의 부적절성이다.[159] 사회적 지지가 기대에

---

157) C. L. Johnson, "Type and Timing of Social Support" *Journal of Health and Social Behavior*(1986), pp.250-264.

158) E. Malonbeach, "Mechanism of Social Support in Caregiving Women"(Ph. D. Dissertation, The Pennslnania State University, 1991), pp.34-56.

159) M. Shinn., et al. "Social Interaction and Social Support" *Journal of Social Issues 40*(1984), pp.55-70.

미치지 못하거나 지나치게 간섭수준의 지지를 하는 경우 실망감과 불쾌감을 초래하여 도리어 주부양자를 스트레스를 유발한다. 지지의 양이 적거나 혹은 과도할 때 주부양자의 갈등을 초래하므로 꼭 지지의 양적 수준이 지지효과에 영향을 미치지는 않는다는 것이다.

셋째, 사회적 지지제공시의 주부양자의 부정적 경험의 문제이다.[160] 이러한 사회적 지지에 대한 부정적 경험은 사회적 지지에 대한 편견을 초래하여 지지거부현상을 유발한다.

무조건 사회적 지지망이 크고 접촉수준이 높다고 해도 무조건 지지의 효과가 있는 것은 아니다. 즉 빈번한 가족, 이웃과 친구 등의 지지가 곧 높은 수준의 지지효과로 해석해서는 절대적으로 문제가 있다는 것이다. 특히 가족이나 친지는 주부양자의 스트레스를 줄여주는 가장 큰 원천이 되는 것이 바람직하지만 도리어 스트레스의 원천이 되기도 한다[161]는 것이다.

또한 친밀한 친척 관계일 경우 어설프게 주는 지지가 더 많은 갈등과 스트레스를 경험하게 되는데 이는 잦은 친지나 친척의 방문은 도리어 식사를 제공해야 하는 부담을 주거나 사생활침해, 그리고 2차 부양자의 치매노인관리방법의 불일치 등의 문제를 초래하기 때문이다.[162]

넷째, 사회적 지지제공 이후에도 치매노인의 주부양자라는 책임 불변성으로 인한 부양압박감 문제이다.[163] 가족이나 친지 및 이웃들 지

---

160) L. Thompson, et al. "Social Support and Caregiving Burden in Family Caregivers of Frail Elder" *Journal of Gerontology 48*(1993), pp.245-254.

161) J. P. Scott, et al, "Famlies of Aizheimer' Victims: Famlies of Support of the Caregiver" *Journal of Gerontological Social Work 9(2)(1986)*, p.391.

162) K. Abel, "Who Care the Elderly? Public Policy and the Experiences of Adult Daughters"(Phildelphia: Temple University. Press, 1991), pp.53-59.

163) R. Hugmnan, "The implication of the term elder abuse for problem

지와 그리고 지역사회 내의 재가치매노인관련시설의 이용한다고 할지라도 치매노인에 대한 일차적 주부양자로서 부양압박감에서 해방될 수 없기 때문에 지지효과도 수준이나 그 지속성이 떨어진다.

따라서 노인학대의 요인으로서 사회적 지지와 관련한 선행연구를 고찰해 본 결과 주부양자에게 가장 적합한 사회적 지지가 주어졌을 때 주부양자의 삶의 질을 향상시키고 더불어 노인학대를 예방할 수 있는 주요 요인이라는 것을 알 수 있으나 반면 주부양자의 욕구에 적합하지 않은 사회적 지지가 주어졌을 때 도리어 주부양자로 하여금 긴장과 고통을 초래, 도리어 치매노인학대를 유발하여 더 심각한 노인학대문제를 초래할 수 있음을 알 수 있다.

2.4.4 가족기능과 치매노인학대

가족기능은 학자들에 따라 다양하게 정의되고 있다. 가족기능을 '어떤 정해진 목적이나 목표를 달성하기 위하여 개인 또는 가족 구성원들에게 맡겨진 모든 작용'[164]이라고 정의되기도 하고 '사회의 존속시키고 가족성원의 욕구를 충족시켜 주기 위하여 가족이 수행하는 활동이나 서비스'[165]라고 정의되기도 한다.

또한 가족기능을 '하나의 체계인 가족이 수행하는 모든 것들의 결과가 가족이나 사회의 유지와 가족 성원들의 욕구에 미치는 정도'[166]

---

definition and response in health and social welfare" *Journal of Social Policy 24(4)1995*, pp.493-507.

164) B. Miller, "Gender Difference in spouse caregiver strain: Socialization and role explanation" *Journal of Marrige and Family*, 52(9)(1990), pp.311-321.

165) 한국사회과학연구소, 현대사회학이론(서울: 형설출판사, 1988), pp.165-166.

166) 김영화, "입양가족의 가족기능에 관한 연구"(대학원 박사학위청구논문,

라고 정의한 학자도 있으며 '가족 내 스트레스 상황에서 가족의 관리 자원으로 가족욕구를 해결하기 위한 가족의 능력'[167]이라고 정의되기도 하였다.

따라서 위의 정의를 종합해 볼 때 한국적 가족기능 평가를 개발한 최지호[168]가 주장한 이론을 토대로 하여 가족기능을 '가족은 하나의 지지 체계로서 가족구성원들 간의 관계상의 양상인 지지, 소외, 친밀도, 역할, 사회성, 권위, 갈등의 결과를 초래하는 것'이라고 정의할 수가 있겠다. 이러한 가족기능은 가족의 건강상태에 영향을 미치고 가족구성원의 위기를 조절하며 스트레스를 완화시키기 때문에 치매노인가족에 있어 가족기능이 제 기능을 수행하지 못할 때 주부양자의 학대는 증가한다고 본다.

가족체계 내에서의 여러 가지 가족문제를 외부로 노출되는 것을 매우 기피하는 현상은 우리 사회의 문화적 맥락에서 이해될 수 있다.[169] 이것은 우리 사회에서 노인학대는 은폐적 본성과 노인학대에 대한 무조건적인 비판시각, 그리고 문화적 배경의 특성으로보다 장기화, 잠재화될 위험성이 높음을 암시한다. 또한 노인학대는 반복되는 경향이 있어서 주요한 환경적 변화가 생겨나지 않는 한 계속되며 그 결과는 학대로 인한 또 다른 질병, 가족위기, 노인의 시설 입소나 사망 등에 이르게 될 수 있다.[170]

숭실대학교 대학원. 2002), p.11.

167) Lisa S. Kelly, Buckwalter, C. Kathleen, and Mas, L. Meridean, "Access to health care resources for family caregivers of elderly persons with dementia" *Nursing Outlook*, 47(1999), pp.8-14.

168) 최지호, 전게서, pp.28-34.

169) A. Moon, O. Williams, "Perceptions of elder abuse and help-seeking pattern among African, Caucasion American and Korean-American elderly women" *The Gerontologist* 33(4)(1993), pp.386-395.

170) Canadian Task Force on the Priodic Health Examination, Periodic health

　신체적 학대를 받은 42명의 노인과 학대를 받지 않는 42명의 노인들을 비교 사례를 연구한 Pillemer는 주부양자는 가족 내에서 보답적인 측면의 상호주의가 존재하지 않을 때는 더 이상 가족과의 긍정적인 관계를 추구하지 못하고 결국 가족에 대한 섭섭함, 억울함 등으로 철저하게 가족 내에서도 고립되어 무기력, 분노, 갈등 등의 감정이 생겨 부양노인에게 그 화를 전가하는 속성에 의해 학대 유발요인이 된다는 것을 발견하였다.171) Lawrence의 연구에서도 가족구성들 간의 상호 교환체계가 형성되어 있지 않을 때 발생되는 가족갈등이 노인학대를 유발하는 것으로 확인되었으며172) 또한 Ann은 주부양자 24명을 대상으로 심층연구한 결과 가족 구성원들 간의 갈등이 주부양자의 노인학대의 주요 요인이라는 것을 밝혔으며173) 또한 알츠하이머 치매이나 기타 비가역적인 치매 진단을 받은 노인의 주부양자를 대상으로 한 Pillemer와 Suitor의 연구에서도 가족 내 상호 작용적 스트레스가 부양관계에서 촉력을 유발하는 가장 위험한 요인으로 보고되었다.174)

　그리고 가족과의 접촉횟수가 적을수록 심리, 정서적인 학대가 높은 반면 재정적 학대는 가족과의 접촉횟수가 많을수록 재정적 학대가 높아짐을 볼 수가 있듯이 노인과 성인자녀와의 접촉횟수 수준이 가족기능과 관련하여 노인학대요인으로 확인되었으며175) 65세 이상의 학대경

examination, "Secondary prevention of elder abuse and mistreatment" *Canadian Medical Association Journal*, 151(1994), pp.1413-1420.

171) K. A. Pillemer, "The dangers Of Dependence: New Finding on Domestics violence against the elderly" *Social Problem*, 33(1985), pp.146-158.

172) B. Schiamberg Lawrence, op. cit., pp.49-55.

173) L. Curley, Ann, op. cit., pp.169-175.

174) K. A. Pillemer, J. J. Suitor, "Violence and violent feeling: What causes them among family caregivers?" *Journal of Gerontology* 47(1992), pp.165-175.

175) 김신곤, "노인학대에 대한 관련요인분석"(석사학위청구논문, 서울대학

험이 있는 노인 54명을 대상으로 한 한동희의 연구에서는 노인과 주부
양자 역할을 수행하는 동거자녀와의 결속관계가 부양자의 무능력, 부양
부담, 자아존중감, 의존성 등이 노인학대요인의 하나로 밝혀졌다.[176]

김태영·한은주는 가족지원 수준, 고부간 갈등, 고립, 가족 내 문제,
가족체계와 관련된 것을 노인학대 위험요인으로 보았다.[177] 또한 이
영숙은 며느리와 동거한 경험이 있는 여성노인 117명을 대상으로 연
구한 결과 가족 간의 지위관계와 고부관계상의 갈등수준이 노인학대
위험요인임을 밝혔다.[178]

그리고 김미경은 60세 이상 노인들을 대상으로 한 연구에서는 가족
과의 긍정적 접촉빈도가,[179] 전길량, 송현애의 60세 이상의 노인 160명
을 대상으로 한 연구에서는 가족지지, 가족원과의 관계, 자녀와 접촉
정도가,[180] 여성부양자 149명을 대상으로 한 연구에서는 부양자 관련
요인으로 노인부양으로 일어나는 가족구성원들 간의 여러 가지 문제,
즉 가족스트레스 수준이 노인학대의 위험요인으로 확인되었다.[181]

김신곤의 65세 이상의 노인 103명을 대상으로 한 연구에서는 가족
관계, 가족과의 동거 여부가,[182] 이연호의 학대경험이 있는 60세 이상
의 노인 102명을 대상으로 한 연구에서는 노인학대의 가족적 위험요

교 보건대학원, 2001), p.42.

176) 한동희, 전게서, pp.102-104.

177) 김태영, 한은주, 전게서, pp.51-73.

178) 이영숙, 전게서, pp.32-45.

179) 김미경, "노인학대에 관한 연구"(석사학위청구논문, 청주대학교 대학원,
1998), pp.72-75.

180) 전길량, 송현애, "노인홀대에 관한 연구 가정폭력에 관한 프로그램에
관한 연구", 한국 가족상담교육협의회 1997, pp.61-71.

181) 이선이, 전게서, p.62.

182) 김신곤, 전게서, p.44.

인으로서 가족결속력이 확인되었으며 노인학대에 영향을 미치는 요인 중 가족기능을 포괄하는 가족 위험요인은 노인학대의 특성과 피해 영역에 영향을 주는 변인으로 연구됐다.[183]

또한 박봉길은 가족관계 불일치와 가족구성원 간의 상호 의존성이 노인학대의 위험요인임을 확인하였으며[184] 자녀와 동거하는 노인 149명을 대상으로 한 연구에서는 노인과 동거자녀와의 가족결속력이 주요 노인학대요인으로 연구되었다.[185] 한은주의 자녀와 동거 중인 60세 이상의 노인 200명을 대상으로 한 연구에서는 중간체계요인으로서 동거자녀와의 정서적 유대감, 자녀와의 관계만족도, 비동거자녀와의 접촉 및 결속력 등 가족기능과 관련된 요인이 노인학대의 위험노인학대의 위험요인으로 밝혀졌다.[186]

치매노인과 함께 거주하는 가족 321명을 대상으로 가족들이 경험하는 스트레스에 영향을 주는 요인을 확인한 연구에서 노인과의 관계에서는 배우자나 자녀가 더 많은 스트레스를 경험하며, 교육수준이 낮은 경우 또한 스트레스를 더 많이 경험하여 학대를 행하는 것으로 나타났다.[187] 또한 조부모와 함께 살고 있는 청소년 92명을 대상으로 한 연구에서도 인지적이거나 기능적인 손상을 가지고 있는 조부모와 동거하고 있는 청소년들이 건강문제가 없는 조부모와 동거하고 있는 청소년보다 더 많은 우울증상과 분노적 감정을 보이는 것으로 나타났

---

183) 이연호, 전게서, pp.89-92.

184) 박봉길, 전게서, p.107.

185) 정재욱, 전게서, pp.62-63.

186) 한은주, 전게서, p.98.

187) Garbis Meshefedjian, Jane McCusker, and Francois Bellavance, Mona Baumgarten, "Factors associated with symptoms of depressing among informal caregiver of demented elders in the community" *The Gerontologist* 38(2)(1998), pp.247-253.

다.[188] 또한 재가치매노인 주부양자를 대상으로 한 연구에서도 가족
기능이 주부양자의 부양부담에 영향을 주는 중요한 예측변수로 확인
되어 노인학대에 직접적으로 영향을 줄 수 있음을 시사하고 있다.[189]
이러한 연구결과는 가족체계의 복잡한 부정적 상호 작용으로 인한 저
하된 가족기능이 요인인 것으로 분석되고 있다.

따라서 치매노인을 돌보는 가족이나 주부양자가 지치지 않고 노인
을 돌볼 수 있도록 건전한 가족체계를 형성하여 가족기능을 강화하는
것이 곧 노인학대를 예방 및 감소시킬 수가 있다고 하겠다.

지금까지 노인학대요인으로서의 가족기능과 관련한 선행연구를 살
펴본 결과 주부양자에 대한 가족원 지지, 주부양자의 가족원과의 관
계 및 가족결속력, 노인자녀와의 접촉성, 주부양자 휴식을 위한 가족
의 부양 역할 원조수준, 역할회피, 가족구성원들 간의 갈등, 친밀도,
주부양자의 가족 내에서의 고립, 주부양자의 가족스트레스 등 가족기
능과 관련한 것들이 노인학대에 영향을 미치는 것으로 나타났다.

2.4.5 치매질병수준과 치매노인학대

노인의 신체적, 인지적 기능수준은 학대에 중요한 영향을 미치는
주요 요인으로 제시되고 있다. 치매로 인하여 초래되는 손상된 기능
수준이나 신체적, 인지적인 기능 저하는 학대와 강한 상관관계를 갖
는 것으로 연구되었다.[190] 건강한 기능을 유지하는 노인은 학대에 보

---

188) Jean Westrick. Foss, op. cit, p.70.

189) 이은희, "가족기능이 재가치매노인 주부양자의 부양부담에 미치는 영
향 연구", 「한국노인복지학회」(2003), pp.190-192.

190) H. C. Comijs, J. H. Smit, A. M. Pot, and L. M. Bouter, C. Jonker, "Risk
indicators of elder mistreatment in the community" *Journal of Elder*

68

다 효과적으로 대처하나 기능수준이 저하된 노인은 대처 가능한 개인, 심리적 자원이 부족하며, 특히 인지적 장애를 가지는 치매노인인 경우는 자신의 방어, 학대에의 저항, 원조요청의 인지 자체가 불가능하며 또한 심각한 치매증상을 보이는 노인이 스스로 학대를 타인에게 설명하거나 이해시키기는 어렵기 때문에 학대에 효율적으로 조기 대처하기가 어렵다.[191] Steinmetz와 Amsden의 연구에서는 노인부양으로 인한 노인의 신체적, 정서적, 재정적 의존성 욕구 특히 인지적 장애가 심각한 치매노인을 대상으로 한 주부양자의 복합적 욕구가 증가하는데도 불구하고 적절한 자원이 공급되지 않는다면 주부양자나 가족들에게 치매노인은 지속적으로 학대에 노출될 수 있다는 것이 연구결과 밝혀졌으며,[192] 또한 Schulz와 Williamson의 공동연구에서도 치매노인의 심각한 인지적 장애행동으로 인한 주부양자의 고통을 곧 터질 것 같은 압력밥솥에 비유하면서 이러한 인지적 장애행동으로 인한 분노감이 치매노인학대를 급속하게 증가시킨다는 것을 밝혔다.[193]

그리고 암스테르담 거주노인 1,797명을 대상으로 한 연구에서는 노인학대 위험요인으로 노인성 질환적 특성과 질병수준이 주부양자의 우

Abuse & Neglect(1998), pp.67-76.

M. S. Lachs, C. S. Williams, S. O'Brien, L. Hurst and R. Horwitz, "Risk factors for reported elder abuse and neglet: A nine-year observational cohort study" The Gerontologist, Aug, 37(4)(1997), pp.469-474.

191) 이연호, 전게서, pp.23.

192) S. K. Steinmetz and D. J. Amsden, op. cit, pp.173-190.
S. K. Stenmetz, "Elder Abuse: Myth and reality" In Brubaker, T. H.(Eds)." Family Relationships in Later Life(1990), pp.193-211.
전길량 외, 전게서, pp.89-92.

193) R. Schulz, G. M. Williamson, "A 2-year longitudinal study of depression among Alzehemer's caregivers" Journal of Psychology and aging, 6(4)(1999), pp.570-578.

울증, 의기소침성격 등의 변수들과 함께 주요 요인으로 확인되었으며,[194] 성인보호센터에 접수된 학대경험 노인 386명을 대상으로 한 연구에서도 치매노인의 일상생활동작과 인지적 장애수준이 노인의 경제수준, 사회적 지지수준 등의 변수와 함께 학대를 유발하는 예측변수로 확인되었으며[195] Lawrence도 노인의 건강수준과 질환수준이 노인의 사회적 고립, 우울증세, 성인자녀의 정신적 미숙성, 케어기술의 부족, 가족 다세대 폭력 등과 함께 주요 변수로 밝혀졌으며[196] Dunlop와 그의 동료학자들의 미아미 지역의 노인학대 경험노인 319명을 대상으로 한 연구에서도 신체적, 인지적 기능수준이 가해자의 재정적 의존성 및 폭력적 성격 특성, 약물남용, 사회적 고립 폭력의 다세대 전이, 가족 문화 등과 함께 노인학대의 주요 요인임이 밝혀졌다.[197]

그리고 환경체계모델을 근간으로 한 노인학대에 대한 생태학적인 연구[198]에서도 노인학대 경험을 가장 잘 설명하는 변인으로 노인의 질병수준에 의한 노인 의존성이 교육수준, 성별 순으로 유의한 효과를 갖는 것으로 보고하고 있으며 다른 변인보다 노인질병수준이 가장 높은 설명력을 보임으로써 노인학대에 가장 많은 영향을 미치는 위험요인으로 확인되었다. 또한 이성희·한은주의 연구에 의하면 노인의 질병으로 인한 의존도가 노인학대위험요인으로 확인되었으며[199] 정

194) M. Bouter Lex, et al, "Risk indicators of Elder Mistreament in the Communnity" *Journal of Elder Abuse and Neglect, 9(4)*(1998), pp.55-57.

195) G. Choi Namke, Deborah B. Kulick, and James Mayer, op. cit., pp.54-58.

196) B. Schiamberg Lawrence, op. cit., pp.49-55.

197) D. Dunlop Birton, et al, "Elder Abiuse: Risk Factors and use of case Data to Improve Policy and Pratice" *Journal of Elder Abuse and Neglect, 112(3/)*(2000), pp.108-112.

198) 한은주, 전게서, p.87.
    김신곤, 전게서, p.24.

재욱의 자녀와 동거하는 65세 이상의 노인 149명을 대상으로 한 연구
에서도 노인대상 관련요인으로서 노인의 질병에 따른 자녀에의 의존
성 수준이 노인학대요인임을 보고하고 있다.[200]

특히 인지적, 신체적 장애를 가지고 있는 노인은 같은 장애를 겪고
있지 않은 노인보다 학대받을 가능성이 훨씬 더 많은 것으로 많은 연
구에서 보고하고 있다.[201] 2,812명의 노인을 대상으로 9년 동안 학대
와 방임을 조사한 종단적 연구에서는 노인의 일상생활 수행능력의 장
애나 인지적 장애가 있는 경우일수록 주부양자의 학대적 행동의 가능
성 및 증가의 요인임이 확인되어 치매와 관련된 질병적 특성 및 질병
수준이 학대와 직접적으로 관련되어 있음을 잘 보여주고 있다.[202] 또
한 기능 장애로 인한 노인의 질병수준이 높을수록 노인의 가족의존성
이 증가되어 가족 내에서 주부양자와 그 외의 가족성원의 노인학대에
영향을 주며 또한 노인의 질병으로 인한 손상 정도와 부양부담, 부양

---

199) 이성희·한은주, "부양자의 노인학대경험과 관련요인", 「한국노년학회,
18(3)」(1998), pp.134-136.

200) 정재욱, 전게서, p.60.

201) K. Pillemer and J. J. Suitor, "Violence and violent feeling: What causes
them among family caregivers?" Journal of Gentology, 47(1992),
pp.165-175.
A. V. Neale, C. S. Goodrich and K. M. Quinn, "The Illinois elder abuse
system: Program description and administrative findings" The Gerontoio-
gist, 36(4)(1996), pp.502-511.
T. Sodei, "How to prevent elder abuse caused by the heavey burden of
family caregiving" 서울국제노년학대회 특별후원심포지움 21세기 노인
부양과 여성노인의 문제 1999. pp.45-49.
이성희·한은주, 전게서, p.137.

202) M. S. Lachs, C. Williams, S. and O'Brien, L. Hurst R. Horwitz, "Risk
factors for reported elder abuse and neglet: A nine-year observational
cohort study" The Gerontologist, 37(4)(1997), pp.469-474.

자 우울 간에도 상관관계가 높은 것으로 연구됐다.[203)]

무엇보다도 시부모의 인지적 장애 손상도가 며느리의 안녕감을 저해하는 가장 중요한 요인이며[204)] 인지적 손상, 기능적 손상을 가지고 있는 노인과 동거하는 노인의 손자세대인 청소년들에 대한 연구에서는 건강하지 못한 가족체계 내에서 노인의 높은 질병수준이 복잡한 스트레스원으로 작용되어 청소년들의 우울과 자존감을 저하시켜 무기력감을 증가시키는 것으로 나타난[205)] 연구결과를 볼때 이러한 치매노인의 신체적 장애 및 인지적 장애는 주부양자와 가족들의 부적 안녕감 내지는 우울감 증가와 자존감 저하시키는 등의 문제를 초래하나 이러한 부정적 부양결과에 대한 기대는 증가되어 가족 내 보상이 주어지지 않을 때는 주부양자는 물론 가족 내에서 치매노인이 학대에 노출될 가능성이 많다[206)]는 것을 알 수가 있다.

앞서 선행연구의 결과를 분석해 본 결과 노인성 치매질병으로 인한 노인의 신체적, 인지적 장애 및 행동장애 수준이 치매노인학대에 영향을 미치는 주요 예측변수임을 알 수 있다.

---

203) E. H. Thompson, et al, "Social suppor and caregiving burden in famoly caregivers of frail elders" *Journal of Gerontology*, 48(5)(1993), pp.245-254.

204) 김선희, "시부모 부양 며느리의 안녕감에 관한 연구"(박사학위논문, 이화여자대학교 대학원, 1996), pp.77-81.

205) Foss, Jean westrick, "Impact of cognitively and functionally impaired grandparents on the psychosocial functioning of adolescent grandchildren"(Ph. D. Dissertation, University of New Orleans, 1998), p.69.

206) J. I. Kosberg, "Preventing elder abuse: Identification of high risk factors prior to placement decisions" *The Gerontologist*, 28(1)(1988), pp.43-50.

제3장 연구모형 및 가설

3.1 연구모형

본 연구의 모형은 치매노인 주부양자의 부양부담, 사회적 지지, 가족기능, 치매질병수준과 치매노인 주부양자의 치매노인학대와의 인과관계에 대한 것으로 [그림 3-1]과 같다. 본 연구의 종속변수는 치매노인 주부양자의 학대 수준이며, 독립변수는 선행연구에서 노인학대요인으로 확인된 치매노인 주부양자의 부양부담, 사회적 지지, 가족기능, 치매질병수준이다. 또한 통제변수는 치매노인의 성별, 연령, 유병 기간, 소유재산, 기타 질병과 주부양자의 성별, 연령, 종교, 수입, 교육연수, 질병유무, 치매노인과의 관계 등 노인과 치매노인 주부양자의 인구·사회학적 특성이다.

[그림 3-1] 치매노인학대 연구모형

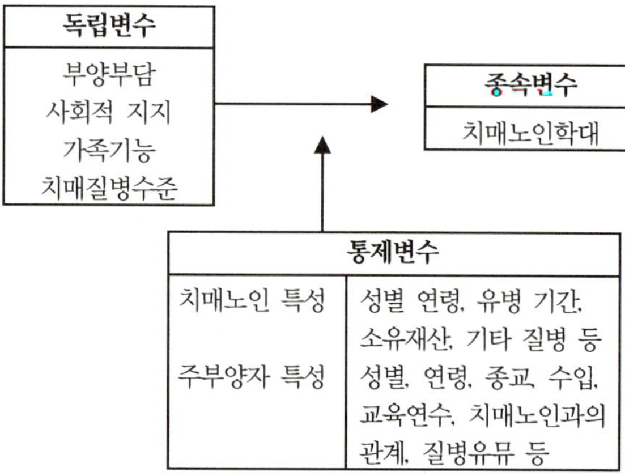

3.2 연구가설

본 연구의 가설은 다음과 같다.

첫째, 치매노인의 인구·사회학적 특성(성별, 연령, 유병 기간, 소유 재산, 기타 질병)에 따라 치매노인 주부양자의 부양부담, 사회적 지지, 가족기능, 치매노인의 치매질병수준은 차이가 있을 것이다.

둘째, 치매노인 주부양자의 인구·사회학적 특성(성별, 연령, 종교, 수입, 교육연수, 질병유무, 치매노인과의 관계)에 따라 치매노인 주부양자의 부양부담, 사회적 지지, 가족기능, 치매노인의 치매질병수준은 차이가 있을 것이다.

셋째, 치매노인 주부양자의 부양부담이 높을수록 치매노인학대 점수는 높을 것이다.

넷째, 치매노인 주부양자의 사회적 지지가 높을수록 치매노인학대 점수는 낮을 것이다.

다섯째, 치매노인 주부양자의 가족기능이 높을수록 치매노인학대 점수는 낮을 것이다.

여섯째, 치매노인의 치매질병수준이 높을수록 치매노인학대 점수는 높을 것이다.

제4장 연구방법

4.1 조사대상

본 연구의 조사대상자의 모집단은 전국에 거주하는 치매노인 주부양자로서, 유의표집을 통해 서울시와 경기도, 그리고 청주, 대구, 부산, 광주, 제주 등을 중심으로 한국치매노인가족협회에 가입된 회원과 재가치매노인관련 서비스를 제공하는 기관을 이용하는 치매노인의 주부양자 등 총 250명을 대상으로 설문을 실시하였으며 이 중 4명을 제외한 246명을 대상으로 분석을 실시하였다.

본 연구의 치매노인 주부양자는 병원에서 비가역성 치매진단을 받은 치매노인을 최소 6개월 이상 부양하고 가정 내에서 일차적 부양책임을 가지고 있으면서 실제적으로 보호를 담당하는 사람으로 제한하였다.

4.2 자료수집 방법 및 절차

예비조사는 서울 경인 지역의 조사대상자 중 30명을 대상으로 2003년 3월 24일부터 28일까지 연구자와 전문조사원이 직접 설문조사를 실시하였다.

본 조사는 2003년 4월 16일부터 6월 30일까지 한국치매노인가족협회의 지역별 자조모임에 참여하여 설문지를 배부하고 수집하였다. 또한 치매노인관련 서비스를 제공하는 복지기관에서 관리하는 치매노인 주부양자 명단을 확보하여 전문조사원이 직접 방문, 연구의 목적을 설명한 이후 설문을 실시하고 직접 수집하였다.

4.3 변수의 정의 및 측정도구

4.3.1 종속변수

4.3.1.1 치매노인학대

노인학대란 노인에게 의도적으로 신체적, 정신적 손상을 가하거나 방임 등으로 부양의무를 소홀히 하는 것으로, 본 연구에서는 치매노인학대를 측정하기 위해 Steinmetz[207]가 고안한 CMT(Control Maintenance Techniques) 척도를 번역·수정하여 사용하였다. CMT는 부양자가 갈등상황에 처해있을 때 노인의 행동을 통제하기 위하여 사용하는 방법인데, 대화를 하거나 제3자의 조언을 구하는 긍정적 방법과 신체적 학대, 언어적 학대, 정서적 학대 및 방임 등의 부정적 방법으로 구성되어 있다. 전체 12문항 중 대화를 하거나 제3자의 조언을 구하는 문항 2개는 긍정적 행동통제 방법이며 나머지 10문항은 부정적인 행동통제방법으로 구성되어 있다. 본 연구에서는 긍정적 문항 2개를 제외한 10문항으로 측정하였다. 각 질문들의 응답은 5점 척도로 구성되어 있으며, '전혀 그렇지 않다'를 1점으로 하고 '항상 그렇다'를 5점으로 하여 점수가 높

207) S. K. Steinmetz, "Duty Bound: Elder Abuse and Family Care" *Sage Library of Social Research*, 1988, p.166.

을수록 학대의 정도가 많은 것을 의미하며, 최소 10점에서 최대 50점까지 분포할 수 있으며 예비조사를 통한 신뢰도 값은 .83으로 나타났으며, 본 조사에서도 .83으로 나타났다.

4.3.2 독립변수

4.3.2.1 부양부담

치매노인에 대한 부양부담은 '치매노인의 행동이나 기능 등의 변화 및 사건과 관련하여 부양자가 경험하게 되는 정서적 안녕, 신체적 건강, 사회생활, 재정상의 어려움과 불편감 그리고 생활상의 변화 등'으로 정의할 수 있다. 본 연구에서는 치매노인 주부양자의 부양부담을 측정하기 위해 Novak와 Guest[208]의 다차원적 부양자 부담 사정도구 (CBI: Multidimensional Caregiver Burden Inventory)를 사용하였다. CBI는 24개의 문항으로 구성되었으며, 5점 척도로 구성되어 있다. 부양부담은 시간-의존적 부양부담(객관적 부양부담), 발달단계상의 부양부담, 신체적 부양부담, 사회적 부양부담, 정서적 부양부담(이상 네 가지 하위요인을 주관적 부양부담)으로 구성되어 있다. 시간-의존적 부양부담은 노인이 부양자에게 의지함으로 일어나는 시간적 부담에 관한 5문항, 발달단계상 부양부담은 부양자가 주변 사람들과 자신을 비교해 볼 때 발달과정에서 이탈되었다는 느낌에 관한 5문항, 신체적 부양부담은 부양자가 부양활동뿐만 아니라 가사, 경제활동, 자녀양육 등의 역할수행에서 오는 신체적 피로에 관한 4문항, 사회적 부양부담은

---

208) M. Novak, and Carol Guest, "Application of a Multidimentional Caregiver Burden Inventory" *The Gerontologist*, Vol.29, No.6 1989, pp.798-803.

역할갈등에서 비롯되는 부정적 감정에 관한 5문항. 정서적 부양부담은 부양의 결과로 부양자들이 심리적 안녕상태에 부정적인 영향으로 가지게 되는 부정적 감정에 관한 5문항으로 이루어져 있다. 본 도구는 '전혀 그렇지 않다'를 1점, '매우 그렇다'를 5점으로 나타내며, 점수가 높을수록 주부양자가 느끼는 부양부담이 높다는 것을 의미한다. 예비조사를 통한 신뢰도 값은 .95로 나타났고, 본 조사에서는 .92로 나타났다.

4.3.2.2 사회적 지지

사회적 지지란 '사회적 지지망에 의해 제공되는 사회적, 심리적, 물질적 도움'이며, 본 연구에서는 사회적 지지를 측정하기 위해 MOS(Medical Outcomes Study) 사회적 지지척도[209]를 사용하였다. MOS는 정서적 지지, 정보적 지지, 구체적 지지, 긍정적인 사회적 상호 작용, 애정적 지지의 유형으로 분류되는데 이는 사회적 지지와 소외감, 소속감 등의 유사 개념들 간의 개념적 혼돈의 가능성을 최대로 배제하려고 하였기 때문에 유용하다고 본다. MOS는 지지제공자를 가족, 친구, 기타 중요한 타인으로 분류하여 부양부담에 미치는 영향을 살펴보고 있으며, 사회적 지지의 양, 질적인 측면에서 주부양자의 주관적 평가까지 고려하여 측정할 수 있다. 도구는 가족에 의한 사회적 지지 10문항, 친구 및 지역사회에 의한 사회적 지지 10문항으로 총 20문항으로 구성되었으며, 5점 척도를 사용하여 '항상 있다'를 1점, '전혀 없다'를 5점으로 하였으며, 점수가 높을수록 사회적 지지를 많이 받는 것을 의미한다. 예비조사를 통한 신뢰도 값은 .94로 나타났고, 본 조사에서도 .94로 나타났다.

---

209) S. Cohen and S. L. Syme "Issues in the Stud and Application of Social Support and Health"(*New York: Academic Press*, 1985) pp.185-186.

4.3.2.3 가족기능

가족기능이란 '가족이 하나의 지지체계로서 가족구성원들 간의 관계상의 양상인 지지, 소외, 친밀도, 역할, 사회성, 권위, 갈등의 결과를 초래하는 것'이라고 정의할 수 있으며 최근 최지호[210]가 개발한 한국형 가족기능 평가도구를 사용하였다. 가족기능을 측정하기 위한 하위요인은 지지, 소외, 친밀도, 역할, 사회성, 권위, 갈등 등 일곱 가지 요인으로 구성되어 있으며, 지지 14문항, 소외 12문항, 친밀도 4문항, 역할 4문항, 사회성 2문항, 권위 2문항, 갈등 2문항으로 총 40문항으로 구성되어 있으며 5점 척도를 이용하였다. 점수가 높을수록 가족기능이 높은 것을 의미하며 예비조사에서 신뢰도 값은 .94로 나타났으며, 본 조사에서는 .95로 나타났다.

4.3.2.4 치매질병수준

치매질병수준이란 치매로 인하여 초래되는 신체적, 인지적 기능수준이라고 말할 수 있으며, 치매질병수준을 측정하는 도구는 이경남의[211] 치매노인의 일상생활동작 및 인지장애로 인한 문제행동 도구를 사용하였다. 이 도구는 가라사와식 치매노인의 임상적 판정기준을 기초로 Choi[212]의 ADL/IADL(Activity of Daily Living/Instrumental Activity of Daily Living)척도에서 발췌한 문항 중 중복되는 무문을 삭제하고, 사전조사를 거쳐 수정보완된 것이다. 전체 15문항으로 4점 척

---

210) 최지호, "한국형 가족기능 평가도구개발"(박사학위청구논문, 경희대학교 대학원, 2000), p.59.

211) 이경남, 전게서, p.68.

212) Choi, Haekyung "Cultural and Noncultural factors as determinants of caregiver burden for the impaired elderly in South Korea" *The Genrontologist*, 33, 1993, pp.8-15.

도로 구성되었으며, '전혀 그렇지 않다' 1점, '매우 그렇다' 4점으로 점수
가 높을수록 치매 정도가 심각하여 치매질병수준이 높은 것을 의미한
다. 예비조사에서는 본 도구의 신뢰도 값이 .92로 나타났고, 본 조사에
서는 .90으로 나타났다.

본 연구의 측정도구의 구성과 본 조사의 신뢰도 값을 간략하게 살
펴보면 [표 4-1]과 같다.

[표 4-1] 측정도구 구성 및 신뢰도 값

변수	측정도구명	저자	하위 변인	문항번호	신뢰도	
부양부담	다차원적 부양자 부담 사정도구 (Multidimensional Caregiver Burden Inventory)	Novak & Guest (1989)	객관적 부양부담	1-5	.8358	.9226
			주관적 부양부담	6-24	.9185	
사회적 지지	사회적 지지척도 MOS(Medical Outcomes Study)	Cohen & Syme (1985)	가족에 의한 사회적 지지	1-10	.9226	.9474
			친구 및 지역사회에 의한 사회적 지지	11-20	.9455	
가족기능	한국형 가족기능 평가도구	최지호 (2000)	지 지	1,5,8,11,14, 17,20,23,26, 29,32,34,36,40	.9113	.9513
			소 외	2,6,9,12,15, 18,21,24,27, 30,33,35	.9195	
			친밀도	3,7,22,37	.7767	
			역 할	4,10,25,28	.5838	
			사회성	13,31	.5802	
			권 위	16,38	.6491	
			갈 등	19,39	.7420	
치매질병수준	치매노인의 일상생활 동작 및 인지장애로 인한 문제행동	이경남 (2000)		1-15	.9016	
치매노인학대	CMT(Control Maintenance Techniques)	Steinmetz (1988)		1-10	.8303	

4.4 자료 분석방법

수집된 설문자료의 분석은 SPSS 10.0 프로그램을 사용하여 다음과 같이 분석하였다.

첫째, 치매노인 주부양자의 부양부담, 사회적 지지, 가족기능, 노인의 치매질병수준, 치매노인학대에 대한 평균과 표준편차를 구하고, 치매노인과 주부양자의 인구·사회학적 특성별로 차이를 알아보기 위해 t-검정 및 일원변량분석을 실시하였다.

둘째, 치매노인 주부양자의 부양부담, 사회적 지지, 가족기능, 노인의 치매질병수준이 치매노인학대에 미치는 영향을 알아보기 위해 상관관계(pearson correlation)와 다중회귀분석(multiple-regression)을 사용하였다.

제5장 연구결과

5.1 치매노인의 인구 · 사회학적 특성

치매노인 주부양자의 치매노인학대에 미치는 영향요인을 알아보기 위해 치매노인 주부양자를 대상으로 총 246명 설문조사를 한 결과, 연구대상자가 부양하는 치매노인의 인구 · 사회학적인 특성은 다음과 같다. 먼저 [표 5-1]에서 연구대상자가 부양하는 치매노인의 인구 · 사회학적 특성에 관한 질문에서 치매노인의 성별을 살펴보면 남성 54명(22%), 여성 192명(78%)으로 여성이 남성보다 4배 가까이 많은 것으로 나타났다. 이는 여성이 남성보다 평균수명이 훨씬 더 길며 남성노인보다 질병에 노출될 가능성이 많다는 것을 의미한다.

또한 치매질병 이외에 기타 질병이 있는지에 대한 질문에 대해서는 111명(45.1%)이 없다고 응답했고, 135명(54.9%)이 있다고 답변하여, 응답자가 부양하는 치매노인의 절반 이상이 기타 질병이 있음으로 나타나 노인성 치매질환의 문제적 특성과 아울러 노인의 중복된 질병으로 치매노인 주부양자의 가중된 부양고통을 짐작케 하고 있다. 그리고 치매노인의 통원치료에 대한 질문에서는 207명(84.1%)이 통원치료를 받고 있지 않다고 응답했다. 마지막으로, 치매노인의 지역사회서비스 이용에 대해, 148명(60.2%)이 치매노인관련 주간보호시설을 이용하고 있는 응답하여 재가치매노인을 위한 치매주간보호시설의 이용도가 매우 높은 것으로 나타났다.

[표 5-1] 치매노인의 인구·사회학적 특성 1

항 목		n	(%)
성 별	남	54	(22.0)
	여	192	(78.0)
치매 이외 기타 질병	있다	135	(54.9)
	없다	111	(45.1)
통원치료	받고 있다	35	(14.2)
	받고 있지 않다	207	(84.1)
	무응답	4	(1.6)
지역사회서비스이용	간병인	17	(6.9)
	사회복지기관	74	(30.2)
	주간보호시설	148	(60.2)
	치매관련병원	3	(1.3)
	기 타	4	(1.7)
합		246	(100.0)

다음으로 [표 5-2]에서와 같이 주부양자가 부양하는 치매노인의 연령별로 구분하여 살펴보면, 71세~80세인 경우 99명(40.2%), 81세 이상이 99명(40.2%)으로 응답자가 부양하는 치매노인 중 80.4%를 차지하였다. 또한 본 연구의 치매노인 평균연령은 약 78세, 표준편차는 약 13세 정도로 나타나 평균적으로 치매노인이 고령임을 알 수가 있다. 치매노인 중 최고 연령자는 103세, 최저 연령자는 55세로 나타났다. 치매유병 기간을 살펴보면, 1년 미만이 57명(23.2%)이었고, 2년~4년 미만이 59명(24%)으로 가장 많았으며, 6년~8년 미만이라고 답변한 경우는 18명(7.2%), 8년~10년 미만은 15명(6.1%), 10년 이상이라고 답변한 경우는 50명(20.3%)으로 나타났고, 치매노인 평균 유병 기간은 약 49개월(4년 1개월), 표준편차는 약 50개월 정도로 나타났다. 가장 긴 유병 기간은 30년이었고, 가장 짧은 유병 기간은 6개월로 나타났다. 마지막으로, 치매노인이 소유한 재산은 전체 응답 중 208명(84.6%)이

소유재산이 없는 것으로 나타나 주부양자의 치매노인부양비 마련의 어
려움을 알 수 있으며, 치매노인의 평균 소유재산은 약 2천여만 원, 편
차는 1천 60여만 원 정도로 나타나 치매노인간 재산 차이가 크게 나타
났다.

[표 5-2] 치매노인의 인구 · 사회학적 특성 2

항 목		n	(%)	평 균	표준편차	최솟값	최댓값
연령 (세)	60 미만	5	(2.0)	78.45	8.49	55.0	103.0
	61 - 70	41	(16.7)				
	71 - 80	99	(40.2)				
	81 - 90	86	(35.1)				
	91 이상	15	(5.3)				
유병 기간 (년)	1 미만	57	(23.2)	48.87	50.75	6.0	360.0
	1 - 2 미만	46	(18.7)				
	2 - 4 미만	59	(24.6)				
	4 - 6 미만	28	(11.4)				
	6 이상	49	(19.7)				
	무응답	6	(2.4)				
소유 재산 (만 원)	무	208	(84.6)	1998.85	10619.05	.0	100000.0
	5000 미만	24	(9.7)				
	5000 이상	12	(4.9)				
	1억 이상	2	(0.8)				
합		100	(100.0)				

5.2 주부양자의 인구 · 사회학적 특성

다음으로, 연구대상자인 치매노인 주부양자의 인구 · 사회학적 특성에
대해서 조사하였으며, [표 5-3]에서와 같이, 응답자의 성별을 살펴보면

남성 74명(30.1%), 여성 172명(69.9%)으로 여성이 남성보다 2배 이상 많은 것으로 나타나 주부입장에 있는 여성이 치매노인 주부양자로서의 역할을 수행하고 있음을 알 수가 있다. 또한 응답자의 종교를 살펴보면, 불교가 88명(35.8%)으로 가장 많았으며, 기독교가 63명(25.6%)으로 그 다음으로 많이 나타났고, 무교, 천주교, 기타 순으로 나타났다. 또한 응답자 중 215명(87.4%)이 자녀가 있다고 응답하여 치매노인 주부양자의 세대별 욕구에 대한 과중한 부양고통을 알 수 있다.

응답자와 치매노인과의 관계에 대해 살펴보면, 치매노인의 주부양자가 첫째 며느리인 경우가 54명(22%)으로 가장 많았으며, 딸인 경우가 46명(18.7%)으로 나타났고, 배우자라고 응답한 경우는 44명(17.9%), 그리고 장남인 경우는 30명(12.2%)으로 나타나 한국에서 노인부양이 장남 및 맏며느리책임의 원칙이라는 가족문화 특성을 엿볼 수 있다. 치매노인의 치매발병 이전과 이후의 관계에 대한 질문에 대해서는 매우 가까워졌다고 응답한 사람은 7명(2.8%)이었고, 조금 가까워졌다고 응답한 경우는 67명(27.2%)이었으며, 별 차이가 없다고 응답한 경우는 100명(40.7%)으로 가장 많이 나타났다. 그리고 조금 멀어졌다고 응답한 경우는 61명(24.08%), 매우 멀어졌다고 응답한 경우는 11명(4.5%)으로 나타나 전반적으로 가까워졌다는 응답자가 약 30%이며 멀어졌다는 응답자는 29.3%이며 그리고 별 차이가 없다는 응답자는 40%로서 주부양자들은 치매노인의 부양보호를 하는 과정에서 가까워지거나 아니면 멀어지는 경향을 보였다. 또한 응답자의 질병유무에 대해 살펴보면, 154명(62.6%)이 질병이 있다고 응답하여 치매노인 주부양자의 현 건강상태가 좋지 않다는 것을 알 수가 있으며 이는 주부양자의 자신건강문제가 있으면서도 치매노인을 부양해야 하는 과도한 부양부담에 노출되어 있음을 알 수 있다.

[표 5-3] 주부양자의 인구·사회학적 특성 1

	항 목	n	(%)
성 별	남	74	(30.1)
	여	172	(69.9)
종 교	기독교	63	(25.6)
	불 교	88	(35.8)
	천주교	43	(17.5)
	무 교	48	(19.5)
	기 타	4	(1.6)
자녀유무	있 다	215	(87.4)
	없 다	31	(12.6)
치매노인과의 관계	장 남	30	(12.2)
	차남 이하	15	(6.1)
	첫째며느리	54	(22.0)
	둘째며느리	27	(11.0)
	딸	46	(18.7)
	배우자	44	(17.9)
	기 타	29	(11.8)
	무응답	1	(0.4)
치매발병 이후관계	가까워졌다	74	(30.0)
	별 차이가 없다	100	(40.7)
	멀어졌다	72	(29.3)
질병유무	있 다	154	(62.6)
	없 다	92	(37.4)
합		246	(100.0)

다음으로 [표 5-4]에서와 같이 연령별로 구분하여 살펴보면, 31세~40세가 72명(29.3%)으로 가장 많았고, 41세~50세가 60명(24.4%)으로 나타나, 전체 응답자 중 절반 이상인 132명(53.7%)이 31세~50세 미만으로 나타났으며, 주부양자의 평균연령이 약 52세 표준편차가 13세 정도로 나타났다. 또한 50세 이상의 주부양자가 전체 28.5%를 차지하고 있다는 것은 주부양자 자신도 고령으로 인한 여러 가지 보호를 받아야

함에도 불구하고 치매노인 주부양자로서의 역할을 감당하고 있음을 알수가 있다. 수입에 대한 질문에서 한 달 수입이 100만 원 미만이라고 응답한 경우는 응답자 중 89명(36.2%)으로 가장 많아 치매노인 주부양자의 경제적 어려움을 짐작할 수가 있다. 그리고 300만 원 이상이라고 응답한 경우는 22명(8.9%)으로 가장 적게 나타났으며, 전체 주부양자의 평균 수입은 약 184만 원, 표준편차는 181만 원 정도로 나타나 연구대상자 간 수입의 편차가 크게 나타났다. 또한 응답자의 교육연수에 대해서는 대졸 이상이 99명(40.2%)으로 가장 많았고, 고졸이 75명(30.5%)으로 나타나, 전체 응답자 중 고졸 이상이 174명(70.7%)으로 과반수로 나타났으며, 치매노인 주부양자의 평균 교육연수는 약 11년으로 고등학교 2학년 중퇴 수준으로 나타났다.

[표 5-4] 주부양자의 인구·사회학적 특성 2

항 목		n	(%)	평 균	표준편차	최솟값	최댓값
연 령	30세 이하	40	(6.3)	51.66	13.63	20.0	81.0
	31 - 40세	72	(29.3)				
	41 - 50세	60	(24.4)				
	51 - 60세	45	(18.3)				
	61 이상	25	(10.2)				
	무응답	4	(1.6)				
한달 수입	100만 원 미만	89	(36.2)	184.49	181.53	.0	2000.0
	100 - 200만 원 미만	73	(29.7)				
	200 - 300만 원 미만	47	(19.1)				
	300만 원 이상	22	(8.9)				
	무응답	15	(6.1)				
교육연수	무 학	22	(8.9)	11.54	4.86	.0	18.0
	초등졸	25	(10.2)				
	중 졸	22	(8.9)				
	고 졸	75	(30.5)				
	대졸 이상	99	(40.2)				
	무응답	3	(1.2)				
합		246	(100.0)				

5.3 치매노인의 학대 수준

치매노인의 특성과 치매노인 주부양자의 특성에 따른 치매노인학대
의 차이를 살펴보기 위해 t-검정 및 일원변량분석을 실시하였다. 치매
노인학대는 10점이 학대가 전혀 없는 상태이며, 50점이 학대가 가장
높은 상태라고 볼 수 있는데, 본 연구 대상자의 평균점수는 약 19점
정도로 나타났으며, 최소 점수는 10점이었고, 최대 점수는 40점으로
조사대상자인 치매노인의 주부양자의 대부분이 치매노인을 어느 정도
는 학대하는 것으로 나타났다.

5.3.1 치매노인 특성에 따른 학대 수준

먼저 치매노인의 특성에 따른 치매노인학대 수준의 차이를 알아보
았으며, 결과는 다음과 같다. 먼저 [표 5-5]에서와 같이 치매노인학대
수준은 치매노인의 성별, 연령, 유병 기간, 기타 질병 등 치매노인의
특성에 따라 유의미한 차이가 없는 것으로 나타났다. 이러한 연구결
과는 여성이 남성보다는 학대 더 많이 받는다는 전길양·송현애[213)
등의 연구와 일치하지 않으며 또한 고령일수록 노인학대 경험이 많다
는 정재욱의 연구.[214) 그리고 노인의 유병 기간에 따라 학대의 차이
가 난다는 김윤정·최해경의 연구.[215) 노인의 복합질병의 유무에 따
라 노인학대의 차이가 난다는 한동희[216) 등의 연구와는 일치하지 않

---

213) 전길양·송현애, 전게서, p.43.
214) 정재욱, 전게서, p.40.
215) 김윤정·최해경, 전게서, p.184.
216) 한동희, 전게서, pp.49-53.

는다. 이는 선행연구의 연구대상이 주로 일반노인의 학대요인에 대한 연구인 것에 비하여 본 연구는 치매노인학대에 대한 연구이므로 치매노인의 노인성 치매질환의 특성, 즉 인지적, 행동적 장애 및 정신증상 등의 현상은 성별, 연령, 유병 기간, 치매노인의 기타 질병 여부 등과 상관없이 학대에 대한 유의미한 차이를 나타내지 않는 것으로 본다.

[표 5-5] 치매노인의 특성에 따른 치매노인학대 수준

변 수	속 성	N	평 균	표준편차	t / F
성 별	남	54	19.407	6.153	.438
	여	188	18.989	6.276	
연 령	60세 미만	5	22.800	9.782	
	61-70세 미만	41	19.756	6.967	
	71-80세 미만	96	18.135	5.775	1.235
	81-90세 미만	85	19.505	5.883	
	91세 이상	13	18.923	6.993	
유병 기간	1년 미만	57	17.824	5.4026.196	
	1-2년 미만	45	19.511	7.405	
	2-4년 미만	58	19.448	6.055	.801
	4-6년 미만	28	19.857	6.742	
	6년 이상	49	19.346	6.101	
기타 질병	있 다	109	19.449	6.465	.828
	없 다	133	18.782	6.054	

5.3.2 주부양자 특성에 따른 치매노인학대 수준

다음은 주부양자의 특성에 따른 치매노인의 학대 수준을 살펴보았으며, 결과는 [표 5-6]과 같다. 먼저, 주부양자의 성별, 연령, 종교, 교육연수, 질병유무, 수입 등의 변수는 치매노인학대 수준에 유의미한

차이가 나타나지 않았다. 이러한 연구결과는 주부양자의 성에 따라
차이가 있으며 며느리나 딸인 여성이 학대가해자가 많다는 Jean의 연
구,[217) 그리고 아들인 남성가해자가 많다는 서윤의 연구[218)와는 일치
하지 않는다. 그리고 주부양자의 연령이 낮은 집단이 높은 집단보다
노인학대가 높다는 Kerbs의 연구[219)와 일치하지 않으며 주부양자의
교육연수가 노인학대에 영향을 미치며 교육수준이 낮을수록 학대가
높다는 Harris의 연구[220)와도 일치하지 않는다.

　　그러나 치매노인과 주부양자의 관계에 따라 치매노인학대에 유의미
한 차이($p<0.05$)가 나타났으며, 사후검증 결과, 치매노인학대점수는
딸과 배우자 간, 배우자와 기타 간에 집단 평균값에 차이가 있는 것
으로 나타났고 배우자에 의한 학대가 가장 높았으며 그 다음이 맏며
느리 순이었다. 이러한 연구결과는 노인과 주부양자 간의 관계에 따
라 노인학대가 차이가 있으며 특히 주부양자인 배우자 집단이 노인학
대가 가장 높다는 Chu의 연구,[221) 그리고 맏며느리의 노인학대가 높
다는 노영임의 연구[222)와 유사하다. 치매노인 발병 시 일반적으로 배
우자가 살아 있을 경우 배우자가 주부양자가 되며 그렇지 않은 경우
는 장남부양원칙에 의한 한국의 가족문화 특성상 맏며느리의 주부양
자 역할이 많기 때문에 이러한 집단 간 차이가 난다고 볼 수가 있다.

---

217) Ranney. Martha Jean, op. cit., p.53.

218) 서윤, 전게서. p.182.

219) John Johnspn Kerbs, op. cit., pp.169-170.

220) S. B. Harris, op. cit., pp.77-80.

221) Lawrence Dalpon Chu, op. cit., p.16.

222) 노영임, 전게서. p.35.

[표 5-6] 주부양자의 특성에 따른 치매노인학대 수준

변 수	속 성	N	평 균	표준편차	t / F	Scheffe
성 별	남	73	18.890	6.738	-.314	
	여	169	19.195	6.029		
연 령	30세 미만(a)	40	18.500	5.724		
	31-40세 이하(b)	69	19.145	6.463		
	41-50세 이하(c)	59	19.678	5.981	.875	
	51-60세 이하(d)	45	19.155	6.646		
	61세 이상(e)	25	18.360	6.707		
종 교	기독교	61	20.180	6.275		
	불교	87	18.229	5.925		
	천주교	42	18.976	6.594	.902	
	무교	48	19.271	6.293		
	기타	4	19.750	8.421		
교육 년수	무학	22	18.045	1.249		
	초등졸	25	19.800	1.325		
	중졸	22	20.636	1.416	1.349	
	고졸	73	18.000	.616		
	대졸 이상	97	20.985	1.684		
질병 유무	있다	92	19.337	6.455	.489	
	없다	150	18.926	6.118		
관 계	장남(a)	30	19.000	5.878		
	차남 이하(b)	14	19.507	6.858		
	첫째며느리(c)	54	19.571	6.462		
	둘째며느리 이하(d)	24	19.083	5.274	3.018*	e ≠ f
	딸(e)	46	18.195	5.434		f ≠ g
	배우자(f)	44	21.613	6.205		
	기 타(g)	29	18.413	4.917		
수 입	월 100만 원 미만(a)	87	19.413	6.588		
	월 100~200만 원 미만(b)	72	18.694	5.598	.797	
	월 200~300만 원 미만(c)	47	19.255	6.825		
	월 300만 원 이상(d)	21	20.142	6.769		

* p<0.05

5.4 치매노인 주부양자의 부양부담 수준

치매노인의 특성과 치매노인 일반적 특성에 따른 주부양자의 부양 부담의 차이를 살펴보기 위해 t-검정 및 일원변량분석을 실시하였다. 치매노인 주부양자의 부양부담 평균점수는 약 77점으로 중간 이상 정도의 평균이 나타났으며, 최소 점수는 24점, 최대 점수는 120점으로 나타났다.

5.4.1 치매노인 특성에 따른 치매노인 주부양자의 부양부담 수준

먼저 [표 5-7]에서와 같이, 치매노인의 성별, 연령, 유병 기간, 기타 질병 등의 치매노인의 특성별로 주부양자의 부양부담 수준의 차이를 살펴보았으며, 치매노인의 특성에 따라 주부양자의 부양부담 수준은 유의미한 차이를 나타내지 않았다. 이는 치매노인의 인구·사회학적 특성과는 상관없이 치매노인의 치매질환적 특성으로 인한 과도한 문제행동과 그리고 장기간의 치매유병 기간 및 주부양자로서의 부양책임자로서의 압박감 등으로 전반적으로 모든 주부양자가 극도한 부양부담에 노출되어 있음을 알 수 있다.

[표 5-7] 치매노인 특성에 따른 부양부담 수준

변 수	속 성	N	평 균	표준편차	t / F
성 별	남	53	78.943	17.247	.780
	여	190	76.842	17.373	
연 령	60세 미만	5	83.400	20.427	
	61-70세 미만	41	80.561	17.460	
	71-80세 미만	98	75.040	17.671	1.057
	81-90세 미만	84	77.595	17.077	
	91세 이상	13	80.615	14.913	
유병 기간	1년 미만	57	73.596	15.049	
	1-2년 미만	45	76.333	19.108	
	2-4년 미만	57	75.596	17.026	2.319
	4-6년 미만	28	78.857	20.370	
	6년 이상	50	83.140	16.214	
기타 질병	있 다	109	77.376	17.975	.061
	없 다	134	77.238	16.858	

5.4.2 주부양자의 특성에 따른 부양부담 수준

다음은, 주부양자의 특성에 따른 주부양자의 부양부담 수준을 살펴보았으며, 결과는 다음과 같다.

먼저 주부양자의 성별, 종교, 교육연수 등은 유의미한 차이가 나타나지 않았으나 그 외의 주부양자의 특성(연령, 질병유무, 관계, 수입)은 부양부담수준의 유의미한 차이를 보였다. 즉 주부양자의 연령에 따라 주부양자의 부양부담 수준은 유의미한 차이($p<0.01$)를 나타냈으며, 사후검증 결과, 연령이 낮은 집단이 연령이 높은 집단에 비해 부양부담 수준이 높게 나타났다. 이러한 결과는 응답자 연령이 낮은 집단인 경우는 성인자녀 혹은 며느리가 대부분임을 짐작할 수가 있다.

또한 주부양자의 질병유무에 따라 주부양자의 부양부담에서도 유의미한 차이(p<0.01)를 나타냈으며, 질병이 있는 집단이 질병이 없는 집단에 비해 부양부담 평균점수가 높게 나타났다. 이는 주부양자 자신이 질병이 있는 경우 건강한 주부양자보다는 치매노인에 대한 부양부담이 높다는 것을 의미한다.

다음으로 치매노인과 주부양자와의 관계에 따라서 주부양자의 부양부담 수준에 유의미한 차이(p<0.01)를 나타냈다. 그리고 사후검증 결과, 관계에 따른 각 집단의 평균값에 차이가 있는 것으로 나타났다.

또한, 주부양자의 수입에 따라서도 주부양자의 부양부담에 유의미한 차이(p<0.05)가 나타났으며, 수입이 낮은 집단이 수입이 높은 집단에 비해 부양부담 평균점수가 높게 나타났다. 주부양자의 배우자집단이 가장 부양부담이 높았으며 다음 순으로 맏며느리가 부양부담이 높다는 것을 볼 때에 배우자 관계일 경우 주부양자 본인도 고령에 의한 신체적 약화현상 그리고 질병에 노출되어 있을 가능성이 있는 취약한 노인이며 또한 장남의 부모부양책임에 의해 맏며느리의 주부양자 역할이 많고 치매노인에 대한 부양책임감에 의한 압박감등으로 부양부담점수가 높은 것으로 생각된다.

[표 5-8] 주부양자의 특성에 따른 부양부담 수준

변 수	속 성	N	평 균	표준편차	t / F	Scheffe
성 별	남	73	74.644	17.895	-1.570	
	여	170	78.441	17.010		
연 령	30세 미만(a)	39	84.600	15.799	4.327**	a ≠ d a ≠ e
	31-40세 이하(b)	71	79.155	16.833		
	41-50세 이하(c)	59	80.457	16.669		
	51-60세 이하(d)	45	74.845	17.639		
	61세 이상(e)	25	69.384	17.918		
종 교	기독교	62	79.774	15.675	1.378	
	불 교	88	78.602	16.553		
	천주교	42	75.952	19.394		
	무 교	47	73.680	18.533		
	기 타	4	67.000	18.275		
교육 년수	무 학	22	24.772	5.822	1.029	
	초등졸	25	26.800	7.433		
	중 졸	22	27.045	7.020		
	고 졸	73	24.821	5.505		
	대졸 이상	97	26.175	6.584		
질병 유무	있 다	152	79.861	16.464	-3.027**	
	없 다	91	73.022	17.983		
관 계	장 남(a)	30	71.267	18.228	5.395**	a ≠ f b ≠ f c ≠ g f ≠ g
	차남 이하(b)	15	72.400	12.087		
	첫째며느리(c)	54	82.963	16.078		
	둘째며느리 이하(d)	26	74.000	15.491		
	딸(e)	45	76.088	17.842		
	배우자(f)	44	85.363	16.734		
	기 타(g)	28	68.035	15.428		
수 입	월 100만 원 미만(a)	89	82.101	15.891	3.358*	a ≠ b a ≠ c
	월 100~200만 원 미만(b)	70	75.471	15.981		
	월 200~300만 원 미만(c)	47	74.319	18.290		
	월 300만 원 이상(d)	22	74.454	19.434		

* p<0.05, ** p<0.01

5.5 치매노인 주부양자의 사회적 지지 수준

치매노인의 특성과 치매노인 주부양자의 특성에 따른 주부양자의
사회적 지지의 차이를 살펴보기 위해 independent sample t-test 및
One-Way ANOVA 분석을 실시하였다. 본 연구 대상자의 사회적 지
지의 평균점수는 약 56점으로 나타났으며 최소 점수는 21점이고 최대
점수는 100점으로 나타났다.

5.5.1 치매노인 특성에 따른 사회적 지지 수준

치매노인 특성에 따라 주부양자의 사회적 지지 수준의 차이를 알아
보았으며, 결과는 [표 5-9]와 같다.

먼저, 치매노인의 성별과 치매 이외의 기타 질병 유무에 따라 주부
양자의 사회적 지지 수준은 유의미한 차이를 나타내지 않았다. 그러나
치매노인의 연령에 따라, 주부양자의 사회적 지지 수준은 유의미한 차
이($p < 0.01$)를 나타났다. 치매노인의 연령이 낮은 집단이 치매노인 연령
이 높은 집단에 비해 사회적 지지 평균점수가 낮게 나타났다. 또한 치
매노인의 유병 기간에 따라서도 주부양자의 사회적 지지 수준은 유의
미한 차이($p < 0.05$)를 나타냈으며 유병 기간 2-4년 미만이 가장 평균점
수가 높았으며 6년 이상이 가장 낮은 평균점수를 나타냈다. 이는 유병
기간이 길어질수록 전반적으로 치매노인의 질환이 더 깊어져 사회적
지지에 대한 욕구가 높아지면서 사회적 지지수준이 주부양자의 과도한
부양부담의 보상적 기대치에 미치지 못하는 것으로 생각된다.

[표 5-9] 치매노인 특성에 따른 사회적 지지 수준

변 수	속 성	N	평 균	표준편차	t / F	Scheffe
성 별	남	54	53.423	20.207	.284	
	여	190	57.226	18.186		
연 령	60세 미만(a)	5	47.400	26.387	4.059**	b ≠ c
	61-70세 미만(b)	41	46.731	15.713		b ≠ d
	71-80세 미만(c)	98	59.377	19.471		b ≠ e
	81-90세 미만(d)	85	57.600	17.590		
	91세 이상(e)	13	60.000	16.713		
유병 기간	1년 미만(a)	57	58.929	17.485	3.517**	c ≠ f
	1-2년 미만(b)	46	56.043	19.345		
	2-4년 미만(c)	57	60.982	17.752		
	4-6년 미만(d)	28	56.464	18.566		
	6년 이상(f)	50	48.480	18.620		
기타 질병	있 다	109	57.614	19.986	.924	
	없 다	135	55.392	17.560		

** p< 0.01

5.5.2 주부양자 특성에 따른 사회적 지지 수준

다음은, 주부양자의 특성에 따른 주부양자의 사회적 지지 수준을 살펴보았으며, 결과는 다음과 같다.

[표 5-10]에서와 같이, 주부양자의 성별, 종교에 따라 주부양자의 사회적 지지에는 유의미한 차이가 나타나지 않았다.

그러나 주부양자의 연령에 따라 사회적 지지는 유의미한 차이 (p<0.01)가 나타났다. 사후검증 결과, 연령에 따른 각 집단 간의 평균 점수에 차이가 있었으며 주부양자의 연령이 낮은 집단보다 연령이 높은 집단이 사회적 지지 수준이 낮게 나타났다. 이는 연령이 낮은 집단

일수록 지역사회 내의 치매노인과 관련된 서비스 정보수집이나 기타 사회적 지원망 접근에 적극적이기 때문인 것으로 추정해 볼 수 있다. 또한, 주부양자의 교육연수에 따라 사회적 지지가 유의미한 차이 ($p < 0.01$)가 나타났다. 그런데 사후검증 결과, 교육연수가 짧은 집단이 교육연수가 긴 집단에 비해 사회적 지지 평균점수가 낮게 나타나 교육연수가 긴 집단이 사회적 지지와 관련된 지식과 활용 기술 등에 대한 접근의 가능성 높기 때문인 것으로 보인다.

그리고 주부양자의 질병유무에 따라 주부양자의 사회적 지지에 유의미한 차이($p < 0.01$)가 나타났다. 질병이 있는 집단이 질병이 없는 집단에 비해 사회적 지지 점수가 낮게 나타나 질병이 있는 주부양자 자신의 질병으로 인한 신체적, 약화와 무기력감, 자존감의 저하 등의 문제로 자신을 폐쇄하는 특성에서 비롯된 것이라고 추정해 볼 수 있다. 또한 치매노인과 주부양자의 관계에 따라 주부양자의 사회적 지지에 유의미한 차이 ($p < 0.01$)가 나타났으며, 사후검증 결과, 관계에 따른 각 집단 간의 평균점수에 차이가 나타났고 둘째며느리 이하가 사회적 지지수준의 평균점수가 가장 높았으며 배우자 관계일 경우가 평균점수가 가장 낮게 나타났다. 이는 주부양자가 배우자일 경우 배우자인 치매노인을 부양하는 것이 당연한 것으로 인식되고 있으며 또한 며느리일 경우 큰며느리의 시부모부양원칙이라는 가족문화의식으로 차남며느리가 치매노인을 보호하는 것에 대한 더 강한 보상적 지지가 주어지는 것에 기인된다고 추정해 볼 수가 있다.

마지막으로, 주부양자의 수입에 따라서도 역시 사회적 지지가 유의미한 차이($p < 0.01$)가 나타났으며, 수입이 낮은 집단이 수입이 높은 집단에 비해 사회적 지지 평균점수가 낮게 나타났다. 이는 치매노인 주부양자가 수입이 많을수록 경제적으로 안정되어 무엇보다도 치매노인의 경제적 부양부담이 적거나 없다고 할 수가 있으며 또한 간병인이나 기타 치매노

인관련 전문적 시설에서 2차적 케어를 받을 수 있기 때문이라고 생각된다.

[표 5-10] 주부양자의 특성에 따른 사회적 지지 수준

변 수	속 성	N	평균	표준편차	t / F	Scheffe
성 별	남	74	54.121	18.867	-1.242	
	여	170	57.370	18.561		
연 령	30세 미만(a)	40	60.875	18.297	3.900**	a ≠ e b ≠ e c ≠ e d ≠ e
	31-40세 이하(b)	70	60.342	15.992		
	41-50세 이하(c)	60	53.366	19.240		
	51-60세 이하(d)	45	55.177	18.089		
	61세 이상(e)	25	45.960	22.155		
종 교	기독교	63	55.904	17.346	.596	
	불 교	88	55.659	19.589		
	천주교	41	59.731	15.932		
	무 교	48	56.229	20.712		
	기 타	4	47.500	22.840		
교육 년수	무 학(a)	22	44.818	15.813	6.403**	a ≠ c b ≠ d b ≠ e
	초등졸(b)	25	43.720	18.274		
	중 졸(c)	21	56.047	14.803		
	고 졸(d)	74	61.851	19.836		
	대졸 이상(e)	96	58.552	16.501		
질병 유무	있 다	152	53.960	19.264	-2.720**	
	없 다	92	60.391	17.016		
관계	장 남(a)	30	58.233	16.370	5.102**	d ≠ f f ≠ g
	차남 이하(b)	15	55.533	13.558		
	첫째며느리(c)	54	55.777	16.561		
	둘째며느리 이하(d)	26	65.153	19.431		
	딸(e)	45	57.088	18.553		
	배우자(f)	44	45.113	19.559		
	기 타(g)	29	63.103	17.716		
수입	월 100만 원 미만(a)	88	49.522	19.237	7.184**	a≠b a≠c a≠d
	월 100~200만 원 미만(b)	72	59.069	18.961		
	월 200~300만 원 미만(c)	47	58.255	16.038		
	월 300만 원 이상(d)	22	66.454	13.204		

** p<0.01

5.6 치매노인 주부양자의 가족기능 수준

치매노인의 특성과 치매노인 주부양자의 특성에 따른 가족기능의 차이를 살펴보기 위해 t-검증 및 일원변량분석을 실시하였다. 가족기능의 평균점수는 139점으로 최소 점수는 52점, 최대 점수는 191점으로 나타났으나 점수의 편차가 약 28점으로 나타나 다른 변수들에 비해 편차의 폭이 크게 나타났다.

5.6.1 치매노인 특성에 따른 가족기능 수준

먼저 치매노인 특성에 따른 가족기능의 차이를 살펴보았으며, 결과는 다음과 같다.

[표 5-11]에서와 같이, 치매노인의 성별, 유병 기간, 치매 이외 기타 질병에 따른 가족기능 수준은 통계학적으로 유의미한 차이가 나타나지 않았다.

그러나 치매노인의 연령에 따라서 가족기능에 유의미한 차이($p < 0.05$)가 나타났으며, 사후검증 결과, 연령에 따라 각 집단에 따라 가족기능 평균점수에 차이가 나타났다. 81-90세 사이의 치매노인일 경우 가족기능 평균점수가 가장 높고 60세 미만 치매노인의 가족기능 평균점수가 가장 낮게 나타났다. 이는 치매노인의 연령이 많을수록 신체적, 경제적, 심리적 의존성이 높아지고 이에 따른 자녀세대의 부모보호의식이 강하게 되며 이를 적극 수용하여 주부양자 및 가족이 서로 상호간 협조체계를 이루기 때문이다.

[표 5-11] 치매노인 특성에 따른 가족기능 수준

변 수	속 성	N	평 균	표준편차	t / F	Scheffe
성 별	남	53	134.509	30.760	-1.453	
	여	183	141.322	27.528		
연 령	60세 미만(a)	5	120.400	53.002	3.206*	b ≠ d
	61-70세 미만(b)	40	129.525	25.776		
	71-80세 미만(c)	96	141.197	29.013		
	81-90세 미만(d)	80	145.700	25.192		
	91세 이상(e)	13	131.692	28.998		
유병 기간	1년 미만	57	141.368	24.974	1.633	
	1-2년 미만	43	140.372	27.053		
	2-4년 미만	54	146.185	27.400		
	4-6년 미만	27	136.740	32.512		
	6년 이상	49	132.387	32.157		
기타 질병	있 다	107	139.028	29.040	.375	
	없 다	129	140.426	27.884		

* $p < 0.05$

5.6.2 주부양자의 특성에 따른 가족기능 수준

다음은, 주부양자의 특성에 따른 가족기능의 차이를 살펴보았으며, 결과는 [표 5-12]와 같다.

먼저, 주부양자의 성별, 종교에 따라서는 가족기능 수준에 유의미한 차이가 나타나지 않았다. 그러나 주부양자의 연령에 따라 가족기능 수준은 유의미한 차이($p < 0.01$)가 나타났으며, 사후검증 결과, 연령이 적은 집단이 연령이 높은 집단에 비해 가족기능 평균점수가 높게 나타났다. 이는 주부양자연령이 낮을수록 응답자 대부분이 치매노인의 성인자녀이거나 며느리인 경우가 대부분이므로 사회활동 참여욕구가

높거나 자녀가 있는 경우 세대적 과잉욕구에 의한 가족성원의 이해수
준이 높아진다고 추정해 볼 수 있다.

그리고 주부양자의 교육연수에 따라 가족기능 수준은 유의미한 차이
($p < 0.01$)가 나타났으며, 사후검증 결과, 무학의 경우 교육연수가 높은
집단에 비해 가족기능 평균점수가 낮게 나타났다. 이는 교육연수가 높
을수록 가족체계의 항상성 및 안정성에 대한 이해, 가족성원들 간의 지
지체계 형성을 위한 상호 교류방법 등에 대한 이해와 기타 가족을 대상
으로 한 교육프로그램의 접근에 용이하기 때문인 것으로 생각된다.

또한 주부양자의 질병유무에 따라 가족기능 수준에 유의미한 차이
($p < 0.01$)가 나타났으며, 질병이 있는 집단이 질병이 없는 집단에 비해
가족기능 점수가 낮게 나타났다. 이는 주부양자의 질병으로 인한 치
매노인 보호의 과부담에 비롯된 여러 가지 2차적 부양자로서 가족성
원에 대한 높은 기대치에서 비롯된 것이라고 추정해 볼 수가 있다.

또한 치매노인과 주부양자의 관계에 따라 가족기능 수준이 유의미
한 차이($p < 0.01$)가 나타났으며, 사후검증 결과, 관계에 따른 각 집단
별로 가족기능 평균값에 차이가 나타났고 둘째며느리 이하 주부양자
집단이 가족기능 평균점수가 가장 높게 나타났다. 이는 사회적으로
장남의 부모봉양이라는 가족문화특성으로 둘째며느리의 치매노인보호
에 대한 감사함, 동정심 등으로 가족성원들의 더 많은 보상적 원조가
이루어지는 것으로 생각된다.

마지막으로, 주부양자의 수입에 따른 가족기능 수준은 통계학적으로
유의미한 차이($p < 0.01$)를 나타냈다. 사후검증 결과, 수입에 따른 각 집
단별로 가족기능 평균값에 차이가 나타났으며 수입이 많은 주부양자 집
단이 평균점수가 가장 높았다. 이는 주부양자가 수입이 많을수록 간병
인 등 기타 2차적 부양 역할원조를 받을 수 있어 과도한 부양부담을 경

감시킬 수 있으며 또한 치매노인에 대한 경제적 부양비에 대한 부담이 거의 없기 때문에 가족여가를 즐기는 등 가족 간의 갈등유발을 예방할 수 있기 때문에 가족기능 평균점수가 높은 것으로 추정해 볼 수 있다.

[표 5-12] 주부양자의 특성에 따른 가족기능 수준

변 수	속 성	N	평 균	표준편차	t / F	Scheffe
성 별	남	71	136.338	30.243	-1.182	
	여	165	141.278	27.474		
연 령	30세 미만(a)	39	145.666	19.986	6.505**	a ≠ e
	31-40세 이하(b)	67	147.074	23.785		
	41-50세 이하(c)	59	140.237	29.521		
	51-60세 이하(d)	43	135.651	29.312		
	61세 이상(e)	24	115.958	35.537		
종 교	기독교	62	139.951	26.557	1.187	
	불 교	86	139.220	27.622		
	천주교	40	146.500	28.573		
	무 교	44	133.727	32.428		
	기 타	4	149.250	9.878		
교육년수	무 학(a)	22	116.181	33.532	6.875**	a≠c a≠d a≠e b≠e
	초등졸(b)	24	123.000	31.573		
	중 졸(c)	20	144.200	28.441		
	고 졸(d)	72	147.500	24.974		
	대졸 이상(e)	92	141.989	24.218		
질병유무	있 다	148	136.168	30.454	2.752**	
	없 다	88	145.886	23.361		
관 계	장 남(a)	28	143.071	24.827	7.355**	a ≠f c ≠f d ≠f
	차남 이하(b)	15	142.533	20.265		
	첫째며느리(c)	52	145.288	26.627		
	둘째며느리 이하(d)	26	154.307	23.519		

변 수	속 성	N	평 균	표준편차	t / F	Scheffe
관 계	딸(e)	43	138.790	23.144		
	배우자(f)	43	117.465	35.453		e ≠f
	기 타(g)	28	147.571	19.831		
수 입	월 100만 원 미만(a)	87	129.333	32.952		a≠b
	월 100~200만 원 미만(b)	68	144.117	23.720	6.961**	a≠c
	월 200~300만 원 미만(c)	45	146.644	23.182		a≠d
	월 300만 원 이상(d)	22	151.636	23.973		

** p<0.01

5.7 치매노인의 치매질병수준

치매노인의 특성과 치매노인 주부양자의 특성에 따른 치매질병수준의 차이를 살펴보기 위해 independent sample t-test 및 One-Way ANOVA 분석을 실시하였다. 치매질병수준의 평균점수는 약 39점이었고, 최소 점수는 15점, 최대 점수는 60점으로 나타났다.

5.7.1 치매노인 특성에 따른 치매질병수준

먼저 치매노인 특성에 따른 치매질병수준의 차이를 살펴보았으며, 결과는 다음과 같다. [표 5-13]에서와 같이, 치매노인의 성별, 유병기간, 치매 이외의 기타 질병유무에 따라 치매질병수준에는 유의미한 차이가 나타나지 않았다. 그러나 치매노인의 연령에 따라서는 치매질병수준이 유의미한 차이(p<0.01)를 나타내고 있다. 그리고 사후검증 결과, 연령에 따른 각 집단별 치매질병수준의 평균값에는 차이가 나타났으며 특히 91세 이상이 치매질병수준 평균값이 가장 높았는데 이

는 전반적으로 치매노인이 나이가 많을수록 치매유병 기간이 길기 때문에 치매질병수준이 높게 나타나는 것으로 추정해 볼 수 있다.

[표 5-13] 치매노인의 특성에 따른 치매질병수준

변 수	속 성	N	평 균	표준편차	t / F	Scheffe
성 별	남	54	37.611	10.960	-1.412	
	여	190	40.021	11.447		
연 령	60세 미만(a)	5	40.400	11.282		
	61-70세 미만(b)	41	36.682	11.992		
	71-80세 미만(c)	98	38.857	11.109	2.507*	b ≠ d
	81-90세 미만(d)	85	39.929	10.034		
	91세 이상(e)	13	47.538	13.445		
유병 기간	1년 미만	57	38.824	11.034		
	1-2년 미만	46	39.760	12.424		
	2-4년 미만	58	39.620	11.697	.062	
	4-6년 미만	28	39.392	8.148		
	6년 이상	49	39.673	10.832		
기타 질병	있 다	109	40.119	11.069	.779	
	없 다	135	38.977	11.610		

* $p < 0.05$

5.7.2 주부양자의 특성에 따른 치매질병수준

다음은 주부양자의 특성에 따른 치매질병수준의 차이를 살펴보았으며, 결과는 [표 5-14]와 같다.

치매노인 주부양자의 성별, 연령, 종교, 교육연수, 질병유무, 치매노인과의 관계, 수입 등 주부양자의 특성에 따른 치매질병수준은 통계학적으로 유의미한 차이가 나타나지 않았다.

[표 5-14] 주부양자의 특성에 따른 치매질병수준

변 수	속 성	N	평 균	표준편차	t / F
성 별	남	74	39.243	12.783	-.221
	여	170	39.594	10.725	
연 령	30세 미만	40	39.225	10.540	
	31-40세 이하	71	38.732	11.184	
	41-50세 이하	59	40.101	9.938	.803
	51-60세 이하	45	40.777	12.495	
	61세 이상	25	36.120	13.608	
종 교	기독교	62	40.387	9.994	
	불 교	88	40.500	10.413	
	천주교	42	36.000	11.270	1.333
	무 교	48	39.750	14.459	
	기 타	4	36.750	6.601	
교육 년수	무 학	22	39.681	14.123	
	초등졸	25	38.160	10.383	
	중 졸	22	41.227	11.040	.495
	고 졸	74	38.716	12.792	
	대졸 이상	95	39.336	9.817	
질병 유무	있 다	152	38.796	11.558	1.238
	없 다	92	40.634	10.999	
관 계	장 남	30	39.500	11.739	
	차남 이하	15	37.666	12.430	
	첫째며느리	54	40.222	10.059	
	둘째며느리 이하	25	43.440	8.977	1.123
	딸	46	39.500	11.676	
	배우자	44	36.431	12.399	
	기 타	29	40.241	12.359	
수 입	월 100만 원 미만	88	39.545	11.578	
	월 100~200만 원 미만	72	40.388	12.264	1.123
	월 200~300만 원 미만	47	40.702	9.315	
	월 300만 원 이상	22	35.454	9.620	

5.8 치매노인 주부양자의 치매노인학대 영향요인

치매노인 주부양자의 치매노인학대에 영향을 미치는 요인을 살펴보기 앞서 먼저, 독립변수 간 다중공선성의 문제를 확인하기 위해 주부양자의 치매노인학대 관련요인들 간의 상관계수를 살펴보았다. 그 결과 계수 간에 0.7 이상의 높은 상관관계를 보이는 독립변수는 발견되지 않았다. 따라서 본 연구의 독립변수 간 다중공선성 문제는 없는 것으로 확인되었다. 상관관계의 구체적 결과는 [부록 1]에 첨부하였다.

다음은 치매노인의 특성과 주부양자의 특성, 부양부담, 사회적 지지, 가족기능, 치매질병수준 등의 변수들이 치매노인 주부양자의 치매노인학대에 미치는 영향을 확인하였다. 이를 검증하기 위해 다중회귀분석을 실시하였으며, 분석 결과는 [표 5-15]와 같다.

[표 5-15] 치매노인학대를 종속변수로 하는 회귀모형

구 분		Model 1		Model 2	
		B (SE)	β	B (SE)	β
독립변수	상 수	9.267(3.562)		11.623(6.843)	
	부양부담	0.113(0.028)	0.309**	0.113(0.036)	0.297**
	사회적 지지	-0.054(0.024)	-0.162*	-0.035(0.032)	-0.154
	가족기능	-0.050(0.016)	-0.228**	-0.061(0.019)	-0.275**
	치매질병수준	0.125(0.035)	0.225**	0.118(0.046)	0.195**
주부양자 특성	성 별			0.161(1.137)	0.011
	연 령			-0.014(0.064)	-0.027
	교육연수			0.170(0.123)	0.132
	질병유무			-0.326(1.183)	-0.024
	수 입			-0.009(0.003)	0.027

구 분		Model 1			Model 2		
		B (SE)		β	B (SE)		β
치매노인 특성	노인성별				-1.331(1.224)		-0.085
	노인연령				0.008(0.079)		0.011
	유병 기간				-0.009(0.011)		-0.066
	소유재산				0.000(0.000)		0.023
	기타 질병				-1.051(0.928)		-0.080
관 계	관 계 1				-0.752(1.048)		-0.057
	관 계 2				0.237(2.296)		0.015
F		17.949			3.855		
R2		.240			.270		

*p<0.05, **p<0.01

관계 1(0: 배우자, 아들, 딸, 기타. 1: 며느리)

관계 2(0: 며느리, 아들, 딸 기타. 1: 배우자)

치매노인학대 영향요인을 확인하기 위해 독립변수인 부양부담, 사
회적 지지, 가족기능, 치매질병수준과 종속변수인 치매노인학대와의 인
과관계를 우선 확인하였다. 그리고 4개의 독립변수와 통제변수로서
치매노인 및 주부양자의 인구·사회학적 특성, 그리고 치매노인과 주
부양자와의 관계 1(0: 배우자, 아들, 딸, 기타. 1: 며느리), 관계 2(0:
며느리, 아들, 딸 기타. 1: 배우자) 등과 종속변수인 치매노인학대와
의 인과관계를 확인하였다.

먼저, Model 1은 부양부담, 사회적 지지, 가족기능, 치매질병수준 등
독립변수만 투입한 것으로서 부양부담(p<0.01), 사회적 지지(p<0.05),
가족기능(p<0.01), 치매질병수준(p<0.01)이 치매노인 주부양자의 치매
노인학대에 영향을 미치는 예측변수로 나타났다. 이는 부양부담이 높
을수록, 사회적 지지가 낮을수록, 가족기능이 낮을수록, 그리고 치매

질병수준이 높을수록 치매노인학대 점수가 높다고 할 수 있다. 각 변수들의 치매노인학대에 대한 설명력은 24.0%로 나타났다.

　Model 2는 독립변수인 부양부담, 가족기능, 사회적 지지, 치매질병수준과 통제변수인 치매노인과 치매노인 주부양자의 인구·사회학적 특성 등의 변수가 투입되었으며 그중 부양부담(p<0.01), 가족기능(p<0.01), 치매질병수준(p<0.01)이 치매노인 주부양자의 치매노인학대에 영향을 미치는 예측변수로 나타났다. 그러나 치매노인의 성별, 연령, 소유재산, 기타 질병, 주부양자의 성별, 연령, 질병유무, 수입, 교육연수, 치매노인과의 관계, 사회적 지지는 치매노인 주부양자의 치매노인학대에 영향을 미치는 예측변수로 나타나지 않았다. 각 변수들의 치매노인학대에 대한 설명력은 27.0%로 나타났다. 통제변수가 치매노인학대에 영향을 미치지 않는다는 연구결과는 대부분의 선행연구를 기각시켰다. 특히 치매노인의 유병 기간이 치매노인학대에 영향을 미치지 않는다는 연구결과는 김윤정·최혜경의 연구결과[223]와는 일치하나 Steinmetz[224]의 부양 기간이 길수록 노인학대가 증가한다는 연구결과와는 일치하지 않는다. 또한 치매노인과 주부양자 간의 관계가 치매노인학대에 영향을 미치지 않는다는 것은 Chu의 연구[225]와 일치하지 않으며, 또한 학대가해자의 연령이 노인학대요인으로서 기각된 것은 치매노인 주부양자의 연령이 낮을수록 학대가 높다는 Kerbs, Steinmetz[226]와 이선이의 연구[227] 등 대부분 선행연구와는 일치하지 않고 있다. 이는

---

223) 김윤정·최혜경, 전게서, p.184.
224) K. S. Steinmetz, op. cit., pp.89-87.
225) Lawrence Dalpon Chu, op. cit., p.16.
226) John Johnson Kerbs, op. cit., pp.166-169.
　　 K. S. Steinmetz, op. cit., pp.80.
227) 이선이, 전게서, p.42.

114

기존의 선행연구가 모두 일반노인의 학대를 연구한 것으로서 본 연구의 기존연구와는 다른 차별된 연구대상과 노인성 치매의 질환적 특성에 기인하는 것으로 추정해 볼 수 있다.

독립변수 중 부양부담변수가 치매노인학대에 유의미한 영향을 미친다는 결과는 치매노인 주부양자에 대한 지원이 없을 경우 가족 스트레스를 발생하게 하여 주부양자는 물론 가족 전체가 치매노인을 학대하게 한다는 내용의 가족 내 치매노인학대의 확산 연구를 한 Chen과 동료학자들의 선행연구와 주부양자의 부양압박감과 부양부담 스트레스가 노인학대요인임을 확인한 Penhale의 연구,[228] 그리고 전길양·송현애[229]와 송영민[230] 등의 연구결과와 일치한다.

또한 가족기능이 치매노인학대에 영향을 미친다는 연구결과는 노인 주부양자에 대한 가족구성원들 간의 상호 교환체계가 형성되지 않을 때 가족기능상의 문제를 초래하며 이러한 가족 역기능이 노인학대를 유발하는 요인임을 연구한 Lawrence[231] 등의 연구와 노인 주부양자에 대한 가족지원, 고부간의 갈등, 가족문제, 가족체계, 주부양자의 가족 내의 고립 등 가족기능과 관련된 변수들이 노인학대요인임을 연구한 김태영·한은주,[232] 그리고 가족지지, 가족원과의 관계 등이 노인학대요인임을 밝힌 전길량·송현애[233] 등의 연구, 가족구성원들 간의 복합적 문제가 노인학대를 유발한다는 이선이의 연구[234]와 일치한다.

228) B. Penhale, op. cit., pp.13-15.
229) 전길양·송현애, 전게서, pp.66-69.
230) 송영민, 전게서, pp.149-155.
231) B. Schiamberg Lawrence, op. cit., pp.49-55.
232) 김태영·한은주, 전게서, pp.32-45.
233) 전길양·송현애, 전게서, pp.61-71.
234) 이선이, 전게서, p.62.

그리고 독립변수인 치매질병수준이 치매노인학대에 영향을 미친다는 연구결과는 치매노인의 인지적 장애로 인한 문제행동이 지속적으로 일어나는데도 불구하고 방치할 경우 주부양자의 지속적인 치매노인학대의 가능성을 지적하면서 치매노인의 치매질환적 특성을 노인학대요인으로 예측한 Steinmetz,[235] 노인의 일상생활동작과 인지적 장애수준이 노인학대요인임을 연구한 Namkee와 그의 동료학자들 간의 공동연구,[236] 이연호,[237] 한은주[238] 등의 선행연구와 일치한다.

그러나 사회적 지지가 치매노인학대요인으로서 기각된 연구결과는 노인 주부양자와 가족의 사회적 고립이 노인학대요인임을 연구한 Penhale,[239] 노인과 주부양자의 비공식적, 공식적 활용능력이 노인학대요인임을 예측한 Birton,[240] 그리고 이웃과 친지들과의 마찰, 가족지원의 부족, 전문가 지지의 부족, 케어서비스의 중단 등이 노인학대요인임을 연구한 Ann 연구[241] 등의 연구와 친척, 이웃, 친구 등으로부터의 도구적, 정서적 지지, 지역사회 서비스 인지도 등 사회적 지지와 관련된 것들이 노인학대요인임을 예측한 한은주 연구[242] 등 사회적 지지가 높을수록 치매노인학대는 감소한다는 기존의 연구와 상반된다. 즉 치매노인 주부양자가 가족이나 친지, 지역사회 등의 비공식적, 공식적인 접촉 없이 고립되고 소외되어 있을 때 노인학대로 이어진다는 기존의 선행연구와 달리 이러한 상반된 본 연구결과를 볼 때 치매노인 주부양자를

---

235) S. K. Steinmetz, op. cit., pp.173-190.

236) G. Choi Namkee, et al., pp.54-58.

237) 이연호, 전게서, p.23.

238) 한은주, 전게서, p.87.

239) B. Penhale, op. cit., pp.1-20.

240) D. Dunlop Birton, op. cit., pp.18-20.

241) L. Curley Ann, op. cit., pp.169-175.

242) 한은주, 전게서, p.93.

대상으로 한 기존의 사회적 지지의 사회사업적 효과성에 따른 문제점
을 논의해 볼 필요가 있다고 본다.

　이러한 사회적 지지의 사회사업적 효과성 측면의 문제점을 지적,
사회적 지지가 무조건 노인학대를 감소 및 예방시킬 수만은 없다는
기존의 또 다른 측면의 선행연구와 본 연구의 결과는 유사하다고 할
수 있다. 수혜자 입장이 아닌 서비스 제공자 입장에서 주어진 기존의
서비스 대상의 상황적 문제에 대한 정확한 사정에 근거 없이 무차별
적으로 제공된 사회적 지지의 문제를 지적한 선행연구에 의하면 이러
한 잘못된 사회적 지지가 주부양자로 하여금 긴장을 초래하여 도리어
노인학대를 가중시킬 수 있는 요인으로 작용할 수 있다는 것이다. 이
러한 측면은 사회적 지지제공의 시의 적절성 문제를 지적한 Johnson,
Malonbeach 연구,243) 사회적 지지 수준의 부적절성을 지적한 Shinn
과 동료학자들의 공동연구,244) 그리고 사회적 지지제공의 주부양자의
초기의 부정적 체험으로 인한 사회적 지지에 대한 편견으로 인한 사
회적 지지의 거부 등의 사회적 지지의 문제점으로 지적한 Thompson과
동료학자들의 공동연구, Scott의 연구,245) 또한 치매노인에 대한 주부
양자의 책임불변성에 대한 압박감 완화 측면에서의 사회적 지지의 한
계성 등을 지적한 Hugmnan의 연구246) 등과 다소 유사한 연구결과로
추정해 볼 수 있다.

　따라서 사회적 지지제공 시 시간적 부적절성, 지지수준의 부적합성,

---

243) C. L. Johnson., op. cit., pp.250-264.
　　　E. Malonbeach., op. cit., pp.34-56.
244) M. Shinn., et al, pp.55-70.
239) J. P. Scott., et al, p.391.
　　　L. Thompson., et al, pp.245-254.
246) R. Hugmnan., et al, pp.493-507.

지지제공 시 주부양자의 초기의 부정적 경험, 그리고 사회적 지지 이후에도 변함없는 노인부양의 책임 불변성에 대한 압박감 등의 문제를 극복하여 노인학대를 감소 및 예방할 수 있도록 하여야 할 것이다. 그리고 치매노인 주부양자를 대상으로 한 가족, 친지, 지역사회 등 비공식적, 공식적 차원의 서비스를 제공할 때 다른 질병과 달리 치매질환적 특성으로 인해 가장 큰 부양부담을 가지는 주부양자의 욕구에 적합한 좀더 전문적인 사회적 지지가 주어져야 할 것이다.

제6장 결론 및 제언

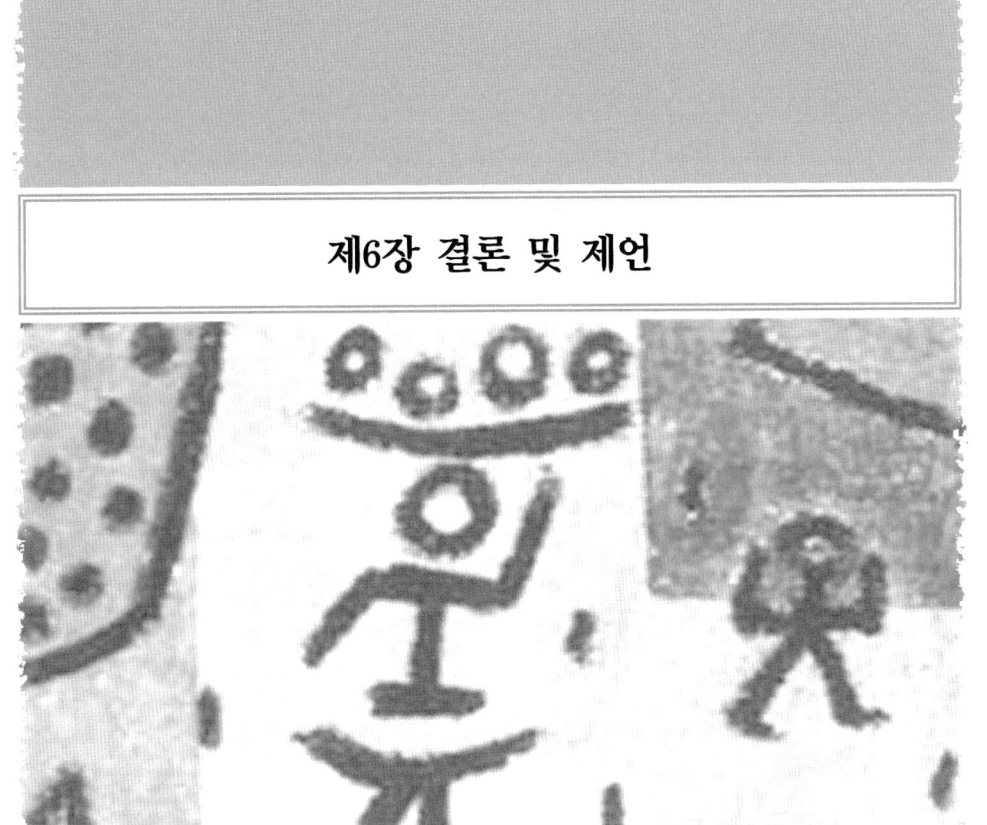

본 연구는 치매노인 주부양자를 대상으로 주부양자의 부양부담, 사
회적 지지, 가족기능, 치매노인의 치매질병수준, 그리고 치매노인학대
에 대해 파악하고, 치매노인학대에 영향요인을 분석하여, 이들 간의
인과관계를 검증함으로써 치매노인학대를 예방할 수 있는 방안을 모
색하고자 하였다.

6.1 연구결과 요약

본 연구의 주요 결과를 요약하면 다음과 같다.

첫째, 치매노인과 치매노인 주부양자의 인구·사회학적 특성 변인
에 따른 치매노인학대 수준을 살펴본 결과 치매노인과 주부양자 간의
관계에 따라 치매노인학대 수준이 유의미한 차이($p<.05$)를 보였다. 그
러나 치매노인의 성별, 연령, 유병 기간, 기타 질병, 주부양자의 성별,
연령, 종교, 교육연수, 질병유무, 수입 등은 치매노인학대에 유의미한
차이를 나타내지 않았다.

둘째, 치매노인과 치매노인 주부양자의 인구·사회학적 특성 변인
에 따라 주부양자의 부양부담, 사회적 지지, 가족기능, 치매노인의 치
매질병수준에 유의미한 차이가 나타났다. 먼저, 치매노인의 성별에 따

라서는 치매질병수준(p<.01)이 유의미한 차이를 나타내고 있으며, 남성보다 여성이 치매질병수준 평균점수가 높게 나타났다. 그러나 부양부담, 사회적 지지, 가족기능은 치매노인의 성별에 따라 유의미한 차이를 나타내지 않았다. 또한, 치매노인의 유병 기간에 따라서는 부양부담(p<.05)과 사회적 지지(p<.01), 치매질병수준(p<.05)이 통계적으로 유의미한 차이를 보였으며, 부양부담의 경우 유병 기간이 오래된 집단이 유병 기간이 짧은 집단에 비해 부양부담 평균값이 높게 나타났다. 그러나 가족기능은 유병 기간에 따른 유의미한 차이를 나타내지 않는 것으로 나타났다.

치매노인의 치매 이외의 기타 질병 유무별 차이를 살펴본 결과, 부양부담, 가족기능, 치매질병수준은 유의미한 차이를 나타내지 않았다. 그러나 사회적 지지는 치매노인이 치매 이외의 기타 질병을 갖고 있는 집단이 기타 질병이 없는 집단에 비해 사회적 지지가 낮게 나타났으며, 통계학적으로 유의미한 차이(p<.05)가 있는 것으로 나타났다.

다음으로, 주부양자의 부양부담(p<.01)과 사회적 지지(p<.01)가 주부양자의 성별에 따라 유의미한 차이를 나타냈다. 여성이 남성보다 부양부담의 평균점수가 높게 나타났으며, 사회적 지지 역시 남성보다 여성의 평균점수가 높게 나타났다. 그러나 가족기능과 치매질병수준은 주부양자의 성별에 따라 유의미한 차이가 나타나지 않았다. 또한 주부양자의 연령별로 부양부담(p<.01)과 사회적 지지(p<.01), 치매질병수준(p<.01)에 유의미한 차이가 나타났다.

치매노인과 주부양자의 관계에 따른 각 집단별로 차이를 살펴보면 부양부담(p<.01), 사회적 지지(p<.01), 가족기능(p<.01)이 통계적으로 유의미한 차이를 보였으며, 치매질병수준은 통계적으로 유의미한 차이를 보이지 않았다. 주부양자의 질병유무별 부양부담, 사회적 지지,

가족기능, 치매질병수준의 차이를 분석한 결과, 질병유무에 따라 가족 기능에 유의미한 차이($p<.01$)가 있는 것으로 나타났다. 즉 질병이 있는 경우보다 질병이 없는 경우가 가족기능의 평균점수가 더 높은 것으로 나타났다. 그러나 부양부담, 사회적 지지, 치매질병수준은 주부양자의 질병유무에 따라 유의미한 차이를 나타내지 않았다.

다음으로 주부양자의 수입별 차이를 분석한 결과, 부양부담($p<.05$), 사회적 지지($p<.01$), 가족기능($p<.01$)이 주부양자의 수입에 따라 유의미한 차이를 나타내고 있었다. 부양부담의 경우 수입이 적은 집단이 수입이 많은 집단에 비해 부양부담 점수가 높았으며, 수입이 많은 집단이 수입이 적은 집단보다 사회적 지지의 평균점수가 높게 나타났다. 또한 수입이 많은 집단이 수입이 적은 집단에 비해 가족기능의 평균점수가 높게 나타났다. 그러나 치매질병수준은 수입에 따라 통계적으로 유의미한 차이를 나타내지 않았다.

치매노인 주부양자의 교육연수에 따른 차이를 살펴본 결과, 사회적 지지($p<.01$)와 가족기능($p<.01$)이 유의미한 차이를 나타내고 있었다. 즉 교육연수가 높은 집단이 낮은 집단에 비해, 사회적 지지나 가족기능의 평균점수가 높게 나타났다. 그러나 부양부담과 치매질병수준은 치매노인 주부양자의 교육연수에 따라 유의미한 차이가 나타나지 않았다.

셋째, 치매노인 주부양자의 치매노인학대 영향요인을 살펴보기 위해 상관관계분석 및 회귀분석을 실시하였다. 먼저 각 변수들에 대한 상관관계 분석 결과, 계수 간에 0.7 이상의 높은 상관관계를 보이는 독립변수는 발견되지 않았으며, 따라서 본 연구의 독립변수 간 다중공선성 문제는 없는 것으로 확인되었다.

마지막으로 다중회귀분석에 대한 결과는 다음과 같다.

치매노인 주부양자의 치매노인학대와 주부양자와 치매노인의 인구・사회학적 특성, 부양부담, 사회적 지지, 가족기능, 치매질병수준과의 인과관계를 살펴보았으며, 부양부담(p<.01), 가족기능(p<.01), 치매질병수준(p<.01)이 치매노인 주부양자의 치매노인학대에 영향을 미치는 예측변수로 나타났다. 이는 부양부담이 높을수록, 가족기능이 낮을수록, 그리고 치매질병수준이 높을수록 치매노인학대 점수가 높다고 할 수 있다. 그러나 독립변수인 사회적 지지, 그리고 통제변수인 치매노인의 성별, 연령, 소유재산, 기타 질병, 주부양자의 성별, 연령, 질병유무, 수입, 교육연수, 치매노인과의 관계는 치매노인 주부양자의 치매노인학대에 영향을 미치는 예측변수로 나타나지 않았다.

6.2 제 언

본 연구에서 시설에 거주하는 치매노인의 학대는 제외시키고 재가 치매노인을 부양하는 주부양자만을 대상으로 하였으므로 전체 치매노인학대에 연구결과를 적용할 수 없다는 한계와 치매노인 주부양자가 인식하는 주관적 학대경험에 대한 연구이므로 인지적 장애를 겪고 있는 치매노인을 대상으로 한 피해자 관점에서의 학대경험에 대한 연구가 이루어질 수 없다는 연구의 한계를 가진다. 이러한 연구의 한계점에도 불구하고 본 연구결과에 따른 사회사업실천과 관련된 제언과 후속연구를 위한 제언은 다음과 같다.

6.2.1 사회사업서비스 실천과 관련된 제언

노인학대에 대한 무조건적인 범죄적 시각 아래 아직까지도 아동학대나 아내학대 등에 비해 이론적, 경험적 연구가 부족한 실정이다. 무엇보다도 학대의 은폐성 특성으로 인하여 치매노인학대가 가정 내 문제로만 인식으로 될 수 있고 주부양자는 학대가해에 대한 죄의식으로 인한 우울감과 좌절감 등으로 더 많은 스트레스를 경험하며 이러한 스트레스를 비정상적인 분노표출방법인 노인을 가해하는 것은 물론 자기 가해를 하는 등의 가능성이 있으므로 이는 제2의 문제를 유발할 수 있는 잠재성을 지니고 있다고 해도 과언이 아니다.

무엇보다도 기존의 선행연구들은 가해자 입장에 있는 성인자녀나 배우자들에 대한 비판적 시각에 기초한 연구가 대다수이지만 본 연구는 치매노인은 물론 주부양자의 복지적 향상을 위해 치매노인학대요인을 규명하는 것이 우선되어야 한다고 보는 시각에서 출발하였다. 향후 노인학대와 관련한 연구는 노인학대를 예방하기 위해 가해입장에 있는 주부양자들이 인지한 학대요인에 기초한 원인론적 시각에서 연구가 이루어져야 할 것이다. 그리고 기존의 노인학대의 사후 개입대상은 주로 피해자인 노인만을 대상으로 하고 있으나 진정한 치매 노인학대예방을 위하여 학대가해자 입장에 있는 주부양자 및 가족을 대상으로 한 사회사업적 접근이 있어야 할 것이다. 무엇보다도 치매노인학대는 여러 요인들의 복합적이고 상호 역동적인 작용결과에 의해 발생하므로 치매노인학대를 예방하기 위해서는 매우 다면적인 접근이 있어야겠다.

본 연구결과를 바탕으로 한 노인학대의 예방을 위한 사회사업적 실천적 제언은 다음과 같다.

첫째, 치매노인학대예방을 위해서 치매노인 주부양자의 부양부담을 감소시킬 수 있는 서비스 프로그램이 필요하다. 특히 스트레스 관리 프로그램, 분노조절프로그램과 자아존중감 프로그램 등이 필요하며 이러한 프로그램을 통해 치매노인부양부담을 부분적으로 해소할 수 있으며 학대 충동 시 자신을 감정과 행동을 억제하여 승화시키며 치매노인에 대한 부정적인 감정을 긍정적으로 변화시켜 자신의 건전한 정신건강 유지로 특히 정서적 부양부담을 감소시켜 치매노인학대를 예방할 수 있을 것이다.

또한 주부양자 부양부담을 감소시킬 수 있는 현 치매노인을 대상으로 한 사회적 지지 서비스와 연결된 사회적 지원망의 구축과 그에 따른 실질적인 지원이 필요하다. 즉 시간의존 부양부담, 신체적, 정서적, 사회적, 발달단계상의 부양부담을 감소시킬 수 있는 현 치매노인을 위한 제도적 서비스의 질적인 기능 강화가 요구된다.

둘째, 치매노인 주부양자의 노인학대예방을 위한 가족지원서비스가 절대적으로 필요하다. 본 연구결과 노인과의 주부양자의 관계는 주로 혈연적 가족관계이며 주부양자는 부양자인 동시에 가해자입장에 있으므로 가족적 접근에 의한 가족복지적 차원의 서비스가 필요하다. 이를 위해 치매노인학대가해자 입장에 있는 주부양자를 대상으로 하여 효과적 접근에 기초한 사례관리 프로그램이 필요하다. 또한 가족기능이 노인학대를 유발하는 주요 요인임을 볼 때에 주부양자 가족을 대상으로 한 가족기능을 강화하는 프로그램이 필요하다. 갑작스런 치매노인부양으로 인한 가족의 위기를 극복하기 위한 위기개입 프로그램 및 단기가족치료 프로그램 등을 제공하여 기타 가족갈등을 해소하고 가족결속력을 강화시켜 치매노인으로 인한 가족의 문제를 최소화하여 주부양자의 치매노인의 학대를 예방하여야 할 것이다. 특히 노인의 유병 기간이 짧을수록 학대가 높다는 본 연구를 토대로 노인의 치매 발병으로 갑작스런 부양을 하게 된 가정을 대상으로 한 단기간의 적극적 개입방법에 기초한 프로그램이 요구된다.

셋째, 치매노인을 보호하고 있는 주부양자 및 가족을 대상으로 한 노인성 치매질환과 관련한 지원 서비스망이 구축되어야 한다. 치매질병의 특성 이해와 수용, 그리고 효율적 관리차원에서의 정보 및 지식을 제공하여 현 치매환자를 이해하고 부양기술 능력을 배양시켜 치매질병수준에 따른 적절한 대처전략을 모색, 진행성 치매질병의 질환증세의 진전에 따른 치매노인학대를 예방하여야 할 것이다.

넷째, 치매노인 주부양자의 욕구에 적합한 사회적 지지 서비스를 제공하여야 한다. 모든 사람들에게 무조건 사회적 지지가 긍정적인 효과를 유발하는 것은 아니라는 것을 앞서 설명한 바 있다. 즉 지지적 서비스 제공 시의 적절성, 지지수준의 적합성, 지지적 서비스의 부정적 초기 경험 등을 고려한 서비스가 제공될 때 사회적 지지의 효과도가 고양될 것이다. 사회적 지지의 고양을 위한 전략으로서 우선, 주부양자들과의 전문가 개입에 의한 지속적인 자조집단의 활성화를 통해 부양고통과 효율적 치매노인관리, 그리고 지역사회 내 치매관련 서비스 정보망의 공유에 기초하여 치매노인학대를 경감시키고 예방할 수 있도록 사회복지기관의 중간역할이 절대적으로 필요하다. 즉 자조집단 형성 시 동질성과 집단결속력이 높을수록 긍정적 상호 작용이 활발하게 작용되어 집단의 목적을 달성할 수 있으므로 전문가에 의한 1차적 주부양자의 치매노인부양부담 사정 이후에 부양부담의 수준과 주부양자의 나이, 성별, 생활수준, 치매노인과의 관계 등에서 유사한 주부양자로 구성, 상호 지지체계가 형성될 수 있도록 유도해야 한다. 그리고 기존의 수급권 치매노인을 중심으로 한 기존의 재가치매노인을 대상으로 한 노인서비스제도의 지양이 필요하다. 즉 시간 의존성과 경제적 부담 등을 실질적으로 지원해 줄 수 있는 사회적 지원체계가 필요하다. 현 와상노인 및 독거노인 등을 대상으로 한 가정봉사원 파견사업의 일회성적이고 비전문성에서 벗어나 유급가정봉사원제도를

활용한 훈련된 치매전문유급봉사원(실버시터)양성하여 파견하고 기저
귀 기타 부양 시 필요한 물품제공을 하는 등 도구적 지원방식의 실질
적 원조가 필요하다.

또한 일반와상노인만을 대상으로 실시하며 현 사업수준에서 벗어나
재가치매노인을 대상으로 한 주부양자의 치매전문 주간보호사업 기능
확대가 요구된다. 즉 치매전문주간보호사업의 확대실시와 재정적 지
원의 확대, 치매주간보호시설의 보호시간 및 보호일수의 확대, 주간보
호사업장을 활용한 주부양자의 휴식서비스를 위한 치매노인의 24시간
보호서비스(예를 들어 1개월에 2박3일 정도의 24시간 보호서비스) 등
현 낮 동안 치매노인을 보호해 주는 치매전문주간보호센터의 기능적
전환이 필요하다. 즉 치매전문주간보호센터가 주부양자로 하여금 완
전한 휴식을 줄 수 있는 기능으로 확대되어 치매노인학대를 예방하여
야 할 것이다. 더불어 단기보호사업의 치매요양원으로서의 적극적인
활용화 및 보호 일수의 확대, 치매전문실비요양시설의 확대 실시 및
보호비의 경감 등이 시급히 요구되고 있는 등 현 수급권 치매노인만
을 중심으로 한 서비스를 지양하고 일반가정의 치매노인대상 사업의
국가적 차원의 적극적인 개입이 요청되고 있다.

따라서 본 연구에서 치매노인학대요인으로 예측된 치매노인 주부양
자의 부양부담, 가족기능, 치매질병수준 등을 고려한 사회사업적 접근
과 더불어 사회사업적 접근의 효과성 및 접근성, 지속성 등을 위한
치매노인과 주부양자를 대상으로 한 적극적인 제도적 지원이 요구되
고 있다. 또한 전문가 개입에 근거하여 현 치매노인 및 주부양자를
대상으로 한 사회적 지지와 관련된 기존의 서비스에 대한 효과성 제
고와 함께 주부양자의 욕구에 적합한 서비스를 제공하여 치매노인학
대를 예방하여야 할 것이다.

6.2.2 후속연구를 위한 제언

본 연구의 한계점을 보완할 수 있고 노인학대에 대한 후속연구가 좀더 활발하게 수행될 수 있도록 하기 위하여 다음의 몇 가지 제언을 하고자 한다.

첫째, 본 연구에서 다루지 못한 시설노인의 학대에 대한 후속연구가 필요하다.

본 연구 외에 다른 연구에서도 거의 재가노인학대만을 다루고 있는데 향후 시설에서의 노인학대를 위한 연구가 있어야 할 것이다.

둘째, 기존의 선행연구는 피해자 대상의 연구가 활발하나 가해자 입장에 있는 부양자를 대상으로 한 연구가 활발하게 수행되어 노인학대 예방적 차원에서의 후속연구가 지속적으로 이루어져야 할 것이다.

셋째, 노인학대를 측정할 수 있는 한국 실정에 적합하면서 주부양자를 대상으로 한 노인학대 측정도구의 개발과 적용이 시급히 요구되고 있다. 기존의 노인학대측정도구는 국가나 지역, 학자들에 따라 노인학대 측정도구가 다르나 거의 대부분의 외국에서 그대로 번역, 수정하여서 사용하고 있다. 따라서 한국의 가족문화적 특성을 고려한 노인학대 측정도구 개발이 시급하다.

넷째, 한국에서의 노인학대 개념 및 정의, 분류, 요인 등에 대한 제도적, 사회적 합의가 이루어져야 하며 이 합의에 기초한 노인학대 사정 지표를 개발하여 보급하여야 할 것이다. 또한 사정지표에 근거한 치매노인학대 위기개입 프로그램이 개발되어야 할 것이다.

다섯째, 전국을 대상으로 한 노인학대 실태조사가 시급히 요구되고 있다. 노인학대의 사회문제화를 위하여 1997년에 한국보건사회연구원에서 실시한 6개 대도시 노인종합복지관 이용노인만을 중심으로 한 전 국민노인학대 실태조사 결과 이후 아직 전국노인을 대상으로 한 실태조사가 이루어지지 않는 상태이며 치매노인학대 실태조사는 아예 지역적, 전국적으로 전무한 실정이다. 그러므로 전국을 대상으로 한 일반노인학대조사 및 치매노인학대를 실시하여 가장 최근의 노인학대 실태에 근거한 노인학대의 연구가 이루어지고 나아가 사회문제로서의 새로운 합의가 이루어져야 할 것이다.

참고문헌

1. 국내문헌

권중돈. 「한국 치매가족 연구-부양부담 사정도구 및 결정모형 개발」. 서울: 홍익재. 1995.

김상욱. "노인부양의 불일치 태도-행위의 세대 내 불일치 및 세대 간 불일치", 「한국사회복지학」 42권. 2000.

김선희. "시부모 부양 며느리의 안녕감에 관한 연구", 이화여자대학교 대학원 박사학위청구논문. 1996.

김성현. "치매노인부양자의 부양부담 감소에 영향을 미치는 요인에 관한 연구", 서울여자대학교 대학원 석사학위청구논문. 2000.

김신곤. "노인학대에 대한 관련요인 분석: 서울시 일개 노인종합복지관을 이용하는 노인을 대상으로", 서울대보건대학원 석사학위청구논문. 2001.

김양이. "치매노인 주부양자를 위한 스트레스 관리 훈련의 효과", 서울여자대학교 대학원 박사학위청구논문. 1999.

김윤정. "사회적 지지 관점으로 본 가족부양이 노인의 정신건강에 미치는 영향-기능취약노인의 복지감과 우울감을 중심으로", 이화여자대학교대학원 박사학위청구논문. 2000.

김윤정·최혜경a. "치매노인의 장애기간과 부양자의 대처자원이 부양자의 부담 및 부양만족감에 미치는 영향", 「한국노년학」 13(2). 1993.

김윤정·최혜경b. "치매노인부양자들의 대처방식과 대처효과에 대한 지각", 「한국노년학」 20(2). 2000.

김태현. 「노년학」. 서울: 교문사. 1995.

김태현·전길양. "치매노인 가족의 부양 경험에 관한 연구". 「한국노년학」. 5(1). 1995.

김한곤. "노인학대의 인지도와 노인학대 실태에 관한 연구". 「우리 사회연구」 4. 1997.

마범순. "치매노인부양자의 부양부담에 관한 연구-주·단기보호소 이용 부양자를 중심으로". 이화여자대학교 대학원 석사학위청구논문. 1998.

문애리. "노인학대문제에 대한 미국의 제도적 접근방식과 한국사회에서의 함의". 「노인학대 워크샵자료집」. 방배종합사회복지관. 2002.

박봉길. "노인학대 인식도 분석을 통한 사회사업 원조전략". 부산대학교 대학원 박사학위청구논문. 2000.

변용찬. 「치매관리 Mpping 개발 연구」. 한국보건사회연구원. 1997.

서윤. "노인학대에 대한 사회복지사의 인지와 목격실태에 관한 연구". 「노인복지연구」 7. 2000.

서문경애. "치매노인 가족의 적응모형 구축". 연세대학교대학원 박사학위청구논문. 2000.

서인선. "치매시어머니를 수발하는 며느리의 경험". 이화여자대학교 대학원 박사학위청구논문. 2003.

송영민. "여성노인의 의존성과 학대경험에 관한 연구". 고려대학교 대학원 박사학위청구논문. 2002.

엄명용. "가족(성인자녀)에 의한 노인부양의 종류와 정도에 영향을 미치는 이전(원) 가족관계 양성분석 및 개입전략의 제시". 「한국사회복지학」 47. 2001.

오진주·이선주·박현애·조남옥·오진주. "치매노인 보건관리에 관한 연구". 서울대학교 대학원 박사학위청구논문. 1995.

우국희. "치매노인 수발인의 수발 및 사회적 지지에 대한 주관적 경험", 서울대학교 대학원 박사학위청구논문. 1997.

이경남. "치매노인 수발부담 경감을 위한 사회적 지지망 개입", 부산대학교대학원 박사학위청구논문. 2000.

이경자. "치매노인의 간호문제와 돌보는 가족원의 부담감에 관한 연구", 「한국노년학」 15(2). 1995.

이선이. "노인학대에 영향을 미치는 요인에 관한 연구", 이화여자대학교 대학원 석사학위청구논문. 1998.

이성희·권중돈, 「치매노인과 가족의 생활실태 및 복지욕구」. 서울시 북부노인 종합복지관. 1993.

이성희·한은주. "부양자의 노인학대 경험과 관련요인", 「한국노년학」 18(3). 1998.

이연호. "노인학대 위험요인과 피해에 관한 연구", 이화여자대학교 대학원 박사학위청구논문. 2002.

이윤로. "치매노인 가족부양부담의 한·미 비교 연구－문화적 요인이 부양부담에 미치는 영향", 「한국노년학」 19(1). 1999.

이은희. "가족기능이 재가치매노인 주부양자의 부양부담에 미치는 영향 연구", 「노인복지연구」 19. 한국노인복지학회. 2003.

이은희. "노인학대의 사회복지적 개입방안", 「수원여대 논문집」. 2002.

이인수. 「현대노인복지론」. 양서원. 1999.

이인정. "노인 간병가족의 부담요인 및 부담완화를 위한 사회복지서비스와 실천방법의 효과에 관한 연구", 「한국사회복지학」 46. 2001.

임춘식. "치매노인을 위한 노인복지정책의 과제", 「한국노년학」 20(1). 2000.

장인협 외. 「노인복지학」. 서울대학교 출판부. 2002.

전길양·송현애. "노인 홀대에 관한 연구－학대와 방임에 대한 인식 및 경험을 중심으로", 「가족폭력에 관한 프로그램 개발 연구」.

한국가족상담교육단 체협의회. 1997.

정재욱. "노인학대에 영향을 미치는 노인 및 동거자녀관련요인에 관한 연구", 대구대학교 대학원 석사학위청구논문. 2001.

조애저 외. 「노부모 학대실태에 관한 사례연구」. 한국보건사회연구원. 1999.

최지호. "한국형 가족 기능 평가도구의 개발", 경희대학교 대학원 박사학위청구논문. 2000.

한동희. "노인학대에 관한 연구", 대구효성가톨릭대학교 대학원 박사학위청구논문. 1996.

한동희·김정옥. "노년기 특성에 관련된 노인학대에 관한 연구", 「가족학론집」 7. 1995.

한상분. "아동의 자아개념과 가족체계의 기능유형", 연세대학교 대학원 석사학위청구논문. 1992.

한은주. "노인학대의 원인에 대한 생태학적 연구", 성신여자대학교 대학원 박사학 청구논문. 2000.

홍여신 외. "노인성 치매환자 가족간호 향상을 위한 교육프로그램효과에 관한 연구", 「대한간호학회지」 25(2). 1994.

2. 국외문헌

Acton, Gayle J. "Affiliated-individuation as a Mediator of Burden in Caregivers of Adults with Dementia", *Journal of Holistic Nursing*, 15(4). 1997.

Aird, Steven Allen. "The Effects of Patient Deterioration and Closeness of Relationship on Caregiver Burden in Spousal Caregivers of Dementia Patients", California State University, Long Beach, MSW. Thesis. 2002.

American Psychiatric Association. *DSM-IV*. Washington DC: APA, 1994.

Anetzberger, Georgia J. "Elder abuse Identification and Referral: the Importance of Screening Tools and Referral Protocols", *Journal of Elder Abuse & Neglect*, 13(2). 2001.

Baruch, A. "Problems and Coping Strategies of Elderly Spouse Caregivers", *The Gerontologist*, 28. 1988.

Beck, C. M., and Ferguson, D. "Aged Abuse", *Journal of Gerontological Nursing*, 7(6). 1981.

Beekman, Nancy R. "Family Caregiving, Dementia and Social Support", The University of Michigan, Ph. D. Dissertation. 1999.

Blazer, D., and William, D. "Epidemiology of Dysphoria and Depression in Elderly Population", *American Journal of Psychiatry*. 1981.

Bond, John B., Jr., Crichton, Susan J., Harvey, Carol D. H., and Ristock, Janice. "Elder Abuse: Feminist and Ageist Perpectives", *Journal of Elder Abuse& Neglect*, 10(3/4). 1999.

Bouter, Lex M., Comijs Hannie C., Smit Johannes H., Pot, Anne M., and Johnker Ceees. "Risk indicators of Elder Mistreament in the Communnity", *Journal of Elder Abuse and Neglect*, 9(4). 1998.

Bridget, Penhale. "Bruises On the Soul: Older Women, Domestic Violence, and Elder Abuse", *Journal of Elder Abuse & Neglect*, 11(1). 1999.

Canadian Task Force on the Periodic Health Examination. "Secondary Prevention of Elder Abuse and Mistreatment", *Canadian Medical Association Journal*, 151. 1994.

Canfeld, Rita Helen. "The Effect of Physical Activity on Psychological and Physiological Outcomes in Caregivers of Relatives with Dementia", Rush University, College of Nursing, DNSc. 2002.

Chapa, Beatrice Marie. "Alzheimer's Disease: Effects of perceived genetic risk on Offspring", Texas Tech. University, Ph. D. Dissertation. 1997.

Chen, P. N., Bell, S. L., Doyle J., and Dnnn, M., "Elderly Abuse in Domestic Setting", *Journal of Gerontological Social Work* 4(1). 1981.

Choi, Haekyung. "Cultural and Noncultural Factors as Determinants of Caregiver Burden for the Impaired Elderly in South Korea", *The Gerontologist*, 33. 1993.

Choi, Namkee G., Deborah B. Kulick and James Mayer. "Fiancial Exploitation of Elders: Analysis of risk Factors Based on County Adult Protective Services Data", *Elder Abuse and Neglect*, 10(3/4). 1999.

Coletti, Kathleen. "Adult Daughters caring for their Elderly Mothers with Dementia: Impact of Prior Relationship on Caregiver Burden", Adelphi University, School of Social Work, Ph. D. Dissertation. 1997.

Comijs, H. C., Smith, J. H., Pot, A. M., Bouter, L. M. and Jonker, C. "Risk Indicators of Elder Mistreatment in the Community", *Journal of Elder Abuse & Neglect*, 9(4). 1998.

Corrigan, Mary Colleen. "Distance Education and Dementia Caregivers: A Comparison of Three Methods", Verginia Commom Wealth University, Ph. D. Dissertation. 2002.

Crichton. Susan J. "Elder Abuse: Feminist Perspective", University of Manitoba, Ph. D. Dissertation. 1998.

Curley, Ann L. "An Assessment of Burden, Control, and Professional Support of the Caregivers of Abused Elders", New Brunswick, New Jersey: Ph. D. Dissertation. 1996.

Domico, Virignia Dare. "The Impact of Social Support and Meaning and Purpose in Life on Quality of Life of Spousal Caregivers of Persons with Dementia", University of Alabama at Birmingham, DSN. 1997.

Dunlop, Birton D., Rothman, Max, B., Condon, Katherine M., Herbert, Kellye S., and Martinez, Iveris L., "Elder Abuse: Risk Factors and Use of Case Data to Improve Policy and Pratice", *Journal of Elder Abuse & Neglect*, 12(3/4). 2000.

Farran, Carol J., Miller, Baila H., Kaufman, Julie E., and Davis, Lucille. "Race, Finding Meaning, and Caregiver Distress", *Journal of Aging and Health*, 9(3). 1997.

Foss, Jean westrick. "Impact of Cognitively and Functionally Impaired Grandparents on the Psychosocial Functioning of Adolescent Grandchildren", University of New Orleans, Ph. D. Dissertation. 1998.

Gallant, Mary P., and Connell, Cathleen M., "The Stress Process among Dementia Spouse Caregivers", *The Gerontologist*, 20(3). 1998.

Gibbons, Dawn Marie. "The Relationship between marital Closeness and Attitude toward caregiving in Spouse Caregivers of Persons with Dementia", California State University, Long Beach, Ph. D. 1998.

Godkin, M. A., Wolf, R. S., and Pillmer, K. A. "Case Comparison analysis of Elder abuse and Neglect", *International Journal of Aging and Human Development*, 28. 1989.

Goodman, Rachel Z. "Correlates of Caregiver Stress in Caregivers of Alzheimer's Disease and related Disorders Patients", St. John's University, Ph. D. Dissertation. 2000.

Harwood, Dylan Galen. "Caregiver appraisal and psychological Well-being associated with Patient behavioral disturbances, functional Status, and Cognitive impairment in Alzheimer's Disease", University of Miami, Ph. D. Dissertation. 1999.

Hedda, Aguero-Torres, Laura Fratigli, Zhenchao Gue, and Matti Viitanen. "Dementia is the major cause of functional Dependence in the elderly: 3-year follow up Data from a Population-based Study", *American Journal of Public Health*, 88(10). 1998.

Hoolley, Marie and Theresa Shea. "The Relationship between Caregiver Stress, Social Support and Well-being", University of Maryland College park, Ph. D. Dissertation. 2000.

Jackson, Christy Alexa Steimer. "Support Groups for Dementia Caregivers: predicting Facilitator Behavior within an Ecological Model", Dissertation, University of Missourl-Saint Louis, 2002.

Jarrott, Shannon Eileen. "The Effect of Social Support on Outcomes of Caregivers of Dementia Patients", The Pennsylvania State University, Ph. D. Dissertation. 1999.

Kelly, Lisa S., Buckwalter, Kathleen, C., and Maas, Meridean L. "Access to Health care Resources for Family Caregivers of Elderly Persons with Dementia", *Nursing Outlook*, 47. 1999.

Kerbs, John Johnson. "Elder Abuse behind Bars: Risk factors and Solutions", The University of Michigan, Dissertation, 2001.

Korbin, J. E., Anetzberger, G., and Austin, C. "Elder Abuse and Child Abuse", *Journal of Elder abuse and Neglect*, 1(4). 1989.

Kosberg, J. I. "Preventing elder abuse: Identification of high Risk Factors prior to Placement Decisions", *The Gerontologist*, 28(1). 1988.

Lachs, M. S., and Pillemer, K. "Abuse and Neglet of Elderly

Persons", *The New England Journal of Medicine*, 332(7). 1995.

Lachs, M. S., Williams, C., OBrien, S., Hurst, L., and Horwitz, R. "Risk Factors for reported Elder Abuse and Neglet: A Nine-year observational Cohort Study", *The Gerontologist*, 37(4). 1997.

Leversque, Louise, Sylvie, Cossette, Lisa Lachance. "Predictors of the psychological Well-being of primary Caregivers living with a Demented relative: A 1-year follow-up Study", *Journal of Applied Gerontology*: Thousand Oaks. 1998.

Magal, Carol and Carl I. Cohen. "Attachment Style and Emotion Regulation in Dementia Patients and their Relation to Caregiver Burden", *The Journals of Gerontology*, 53B(3). 1998.

Mantell, Robert Alan. "Family Caregivers of the Elderly: The Relationship between Dementia Caregiver Burden, Caregiver Depression and Beliefs about caregiving", University of Minnesota, Ph. D. Dissertation. 2000.

Martha Jean, Ranney. "Predictors of Depression among Husband, Wife and Daughter Dementia Caregivers", University of Southern California, Ph. D. Dissertation. 2000.

Meshefedjian, G., and Jane McCusker, Francois Bellavance, and Mona Baumgarten. "Factors associated with Symptoms of Depressing among Informal Caregiver of Demented Elders in the Community", *The Gerontologist*, 38(2). 1998.

Miller, R. B., and Dodder, R. A. The abused: Abuser dyad: Elder Abuse in the state of Florida In Filinson, R. & Ingman, S. R.(eds.) Elder abuse: Practice and policy. New York: Human Sciences Press. 1989.

Moon, Ailee and Teresa, Evan Campbell. "Awareness of Formal and

Informal Sources of help for Victims of Elder Abuse Among Korean American and Caucasian Elders in Los Angeles", *Journal of Elder Abuse & Neglect*, 11(3). 1999.

Moon. A. Williams, O. "Perceptions of Elder Abuse and help-seeking Pattern among African, Caucasion American and Korean-American Elderly Women", *The Gerontologist*, 33(4). 1993.

Neale, A. V., Goodrich, C. S., and Quinn, K. M. "The Illinois Elder Abuse System: Program Description and administrative Findings", *The Gerontoiogist*, 36(4). 1996.

Novak, M. and Guest, C. "Application of a Multidimentional Caregiver Burden Inventory", *The Gerontologist*, 29(6). 1989.

Nunley, Barbara Lynn. "Stress, Hardiness, and psychological Distress of Elderly spousal Caregivers of Persons with Dementia", University of Kentucky, Ph. D. Dissertation. 2002.

Olson, D. H. Normal family processes. New York: Guilford Press. 1993.

Pappas-Rogich, Maria. "An analysis of the Influences of Characteristics of the Alzheimer Patient and their primary Caregiver on Caregiver Perception of Burden, barriers to Social Support Utilization, and Needs", University of Pittsburgh, Ph. D. Dissertation. 1996.

Peter-Davis, N. D, Moss. M. S and Pruchno. R. A. "Children in Law in caregiving Families", *The Gerontologist*, 39(1). 1999.

Pillemer, K and Suitor, J. J. "Violence and violent Feeling: What Causes them among Family Caregivers?", *Journal of Gerontology*, 47. 1992.

Pillemer, K. "The dangers Of Dependence: New Finding on Domestics Violence against the Elderly", *Social Problem*, 33. 1985.

Pillemer, K. and Wolf, R. S. Elder abuse: Conflict in the Family.

New York: Auburn House. 1986.

Quinn, M. J. and Tomita, S. K. *Elder* Abuse and Neglet: Cause, Diagnosis and Intervention Strategies. New York: Springer. 1986.

Schiamberg, Lawrence B. "An Ecological Framework for Contextual Risk Factors in Elder Abuse by Adult Children", *Journal of Elder Abuse and Neglect,* 11(1). 1999.

Schulz, R., and Williamson, G. M. "A 2-year longitudinal Study of Depression among Alzehemer's Caregivers", *Journal of Psychology and aging,* 6(4). 1998.

Shiferaw, B., Mittelmark, M. B., Wofford, J. L., Anderson, R. T., Walls, P., and Rohrer, B. "The Intervention and Outcome of reported Cases of Elder Abuse: The Forsyth Country Aging Study", *The Gerontologist,* 34(1). 1994.

Sodei, T. "How to prevent Elder Abuse caused by the heavey Burden of Family Caregiving", 서울국제노년학대회특별후원심포지움, 21세기 노인부양과 여성노인의 문제. 1999.

Son, Gwi-Ryung. "The Predictors of Burden and Satisfaction among Korean Caregivers of Elders with Dementia", Case Western Reserve University(Health Sciences), Ph. D. Dissertation. 1988.

Steinmetz, S. K. "Duty Bound: Elder Abuse and Family Care *Sage",* *Library of Social Research,* 1988.

Steinmetze, S. K. & Amersden, D. J. Dependent Elders, Family Stress and Abuse, In Brubaker T. H.(Eds), Famillies Relationships in later Life. New Deli: Sage Pub. Inc. 1983.

Talbott, M. M. "The negative Side of the Relationship between older Widow and their Adult Child. The mother's perspective", *The Gerontologist,* 30(5). 1990.

142

Tatara. "Elder Abuse in the United states; An Issue Paper, prepared for the Administration on Aging(AoA) *The Department of Health Human Service(HHS)"*, The National Resource Center on Elder Abuse(NARCEA). 1990.

Thompson, E. H. Andrew, M. F., Dolores, G. T., Jonathan, M. R., and Steven B. L. "Social Support and caregiving Burden in Family Caregivers of frail Elders", *Journal of Gerontology*, 48(5). 1993.

Wiehe, V. R. *Understanding Family Violence-Treating and Preventing Partner, Child, and Elder Abuse*. New Deli: Sage Pub. 1998.

Wolf, R. S. and Li, D. "Factors Affecting the rate of Elder Abuse reporting to a state protective Services Program", *The Gerontologist*, 39(2). 1999.

Wright, L. K., Clipp, E. C., and George, L. K. "Health consequence of Caregiver Stress", *Medical Exercise and Nutritional Health*, 2. 1993.

Zarit, S. H., and Zarit, J. M. "Dementia and the Family: A Stress Management Approach", *Clinical Psychology*, 1986.

Zarit, Steven H. and Mary, Ann Parris. "Stress Reduction for Family Caregivers: Effect of Adult Day Care use", *The Journal of Gerontology*, 53BS267-S277. 1998.

Zieren, Connie Wilma. "The Cognitive functioning of Dementia Patients: An Examination of the Hierarchic Dementia Scale, and the impact of cognitive functioning on Caregiver Burden and Desire to institutionalize", Concordia University, MA. 2000.

[표 1] 치매노인학대와 관련요인 간의 상관관계

		연 령	수 입	교육연수	유병기간	소유재산	부양부담	사회지지	가족기능	치매질병수준
수 입	pearson	-.218**								
교육연수	pearson	-.553**	.433**							
유병기간	pearson	.104	-.040	-.139*						
소유재산	pearson	-.077	.138*	.103	-.033					
부양부담	pearson	.271**	-.131*	-.126	.114*	.089				
사회적지지	pearson	-.257**	.221**	.247**	-.149*	-.019	-.516**			
가족기능	pearson	-.273**	.220**	.283**	-.164*	-.026	-.450**	.490**		
치매질병수준	pearson	-.040	-.007	-.002	-.056	.022	.320**	.025	.055	
학 대	pearson	.006	-.015	.048	-.021	.067	.377**	-.085	-.275**	.297**

*p<0.05, **p<0.01

· 저자 ·

이은희 · 약 력 ·

성결신학대학교 사회복지학과 졸업
동국대학교 대학원 사회복지학 석사
숭실대학교 대학원 사회사업학 박사

제주도 사회복지사협회장 역임
제주산업정보대학 사회복지학과 교수 역임
현 수원여자대학 사회복지학과 교수
현 수원영통종합사회복지관장(수원여대 외부수탁기관)

· 주요논저 ·

「한국노인복지행정에 관한 연구」
「재가노인복지서비스에 관한 연구」
「치매노인복지서비스에 관한 연구」
「사회복지교육프로그램의 문제점과 대책」
「재가 치매노인 부양감소프로그램의 개발」
「노인학대의 사회복지적 개입방안」
「치매노인가족의 가족기능이 부양부담에 미치는 영향 요인 연구」
「주부양자가 인지한 치매노인학대의 영향 요인 연구」
「성남시 노인욕구와 삶의 질에 관한 연구」
「치매노인학대 영향 요인에 관한 연구」
「치매노인 주부양자의 가족기능과 사회적 지지가 노인학대에 미치는 영향 연구」
「치매노인 주부양자의 치매노인학대에 관한 연구」
「도시지역에 거주하는 치매노인 주부양자의 부양부담이 노인학대에 미치는 영향
  연구」
「여성 주부양자의 노인부양 동기가 부양부담감에 미치는 영향」
「노인의 생활만족도에 미치는 영향 요인 연구」
『한국노인복지연구』
『시련의 아침』(공저)
외 다수

노인학대 연구

• 초판 인쇄	2007년 6월 11일
• 초판 발행	2007년 6월 11일
• 지 은 이	이은희
• 펴 낸 이	채종준
• 펴 낸 곳	한국학술정보㈜
	경기도 파주시 교하읍 문발리 526-2
	파주출판문화정보산업단지
	전화 031) 908-3181(대표) · 팩스 031) 908-3189
	홈페이지 http://www.kstudy.com
	e-mail(출판사업부) publish@kstudy.com
• 등 록	제일산-115호(2000. 6. 19)
• 가 격	10,000원

ISBN 978-89-534-6825-2 93330 (Paper Book)
      978-89-534-6826-9 98330 (e-Book)